Modern French Writing

Modern French Writing

Edited by

Georges Lannois

HEINEMANN EDUCATIONAL
BOOKS LTD · LONDON

Heinemann Educational Books Ltd

LONDON MELBOURNE TORONTO
SINGAPORE JOHANNESBURG
AUCKLAND IBADAN
HONG KONG
NAIROBI

Selection & editorial
matter © Heinemann Educational Books Ltd 1969
French extracts reproduced by permission of
Editions Gallimard
First published 1969

SBN 435 37550 4

Published by
Heinemann Educational Books Ltd
48 Charles Street, London W1

Printed in Great Britain by
Richard Clay (The Chaucer Press) Ltd
Bungay, Suffolk

CONTENTS

FOREWORD

THE excerpts in this collection, written over a period of some thirty years, are not here printed in chronological order of their original publication in France. They have been arranged with an eye to contrast and difficulty. The student may find it easier to start with *Un certain Plume* and go on from there, the most difficult passages being found at the end of the book.

My aim has been twofold: to find texts which have not yet appeared in English translation, and to include extracts from the lesser-known, though not thereby less significant, works of the authors chosen. It has been a pleasure to include so important and influential a writer as Raymond Queneau, who is often unjustly excluded from modern French anthologies and who is still sometimes totally misunderstood by certain academic critics.

In anotating the texts the contributors have assumed that the reader has a fair knowledge of modern French, and only uncommon words and phrases, therefore, as well as difficult constructions, have been translated or explained. A vocabulary containing common words and phrases has, however, been added for less advanced students.

I should like to thank all those who have been involved in the publication of this book, and particularly Mr Manuel Gelman for his invaluable assistance.

G.L.

HENRI MICHAUX

Un certain Plume

Presented by Georges Lannois

HENRI MICHAUX was born in Namur in 1889. This imaginative artist is the author of poetic work the style of which—though very much his own—often reminds us of Lautréamont. Moreover, it was the reading in 1922 of *Maldoror* which impelled him to start writing.

In 1929 appeared the fascinating *Ecuador*, the story of his travels in South America, where he made exhaustive expeditions on horseback and in piraguas. There then followed *Un Barbare en Asie* (1933) a collection of his experiences on a journey to India and China, discovered and described with vivid enthusiasm. This book—the first to appear in English—is written in his happiest, most relaxed mood. To this period belongs the now famous *Plume* (1937).

The death of his wife in a fire inspired him to write a deeply moving book, *Nous deux encore* (1948). The amazing breadth of his mind, its urge towards untried, unsuspected possibilities, can be witnessed in *Misérable Miracle* (1956), *L'Infini turbulent* (1957) and *Connaissance par les gouffres* (1961), which reveal a surprisingly new and different Michaux, and give with terrifying intensity an analysis of his experiences under mescalin, psilocybin and Indian hemp. *Misérable Miracle* also contains reproductions of his writings and drawings showing his intense mental disturbance under mescalin. *Les Grandes épreuves de l'esprit et les innombrables petites* (1966) carries further, on a more severe, clinical level, his research on hallucinogenic drugs. With this book, he seems to have explored this field as far as possible at the present time, while remaining throughout a poet.

Although Michaux was discussed by André Gide in a booklet entitled *Découvrons Henri Michaux*, his work is little read, doubtless because of its frequent drifting between perception and hallucination: or perhaps his explorations of inner space, opium nights, and the character of his dreams make his works rather difficult of access. Only a few of his books have been translated. An unusual vocabulary, developing practically every form of which language is capable, his elliptical style and his extremely free and flexible syntax are difficult to handle, and have no doubt put off a number of would-be translators.

This explorer of thought and consumer of experience appears to be continually in the process of probing, investigating and trying to discover new facts about the workings of his body, his mind and the mysteries of life: investigations without which life would seem unprofitable and empty. Memory, absence, solitude, illness, *la difficulté d'être* are themes which reappear continually in his world—a world in which man wanders and disowns himself.

Michaux, despite his discretion and isolation, is almost one of the Surrealists. He belongs to their time, to their rebellion; but his work is much more pessimistic than theirs. It is with Kafka, whose work also bears witness to the sad disappointment of modern man, that we can compare him.

Michaux's territory is an area of complete lawlessness, of experience in which every faculty is allowed full play. Without doubt we are dealing here with the work of an artist who is passionately involved, and endowed, as few are, with an immense capacity for self-analysis, sometimes almost to the point of insanity. And yet when we turn to consider the great books of this age it leaves us feeling that we have watched a man who succeeded in shifting the field of literature altogether, recording and illuminating the esoteric aspects of human experience.

BOOKS ON MICHAUX

André Gide, *Découvrons Henri Michaux*, Gallimard, 1941.
Robert Bréchon, *Henri Michaux*, Gallimard, 1959.
Les Cahiers de l'Herne, *Henri Michaux*, Editions de l'Herne, 1966.

UN CERTAIN PLUME: The book tells in fourteen or fifteen distinct episodes the adventures of a character, the only one Michaux has yet created.

Although the book has genuine unity, it sometimes seems to lack consistency, for the adventures do not all follow the same pattern and Plume does not always play the same role. There is no solid frame in this work, either in the structure or the character. Humour here is the very stuff of the book, the *musique de base*; but humour black and wry, laden with overtones, apparently inconsequential, but barely hiding fear, a sense of doom, a feeling of persecution.

The work, which has been revised several times, sometimes presents episodes which have no bearing on the original text. Michaux seems to have deliberately set out to be inconsistent as far as the editing is concerned, but at the same time leavening his text with delightful imaginative touches reminiscent of Chaplin. Michaux has, moreover, always admired Chaplin's work (of the First World War and twenties) and has for a long time considered writing an essay on laughter based on Charlot, whose life, like Plume's, has no beginning or end. The scenography, the nose-thumbing, the thunderbolts of the *opera buffa* type are unmistakably Chaplinesque. Plume, however, defies ordinary classification, and this strange character has not yet been fully revealed.

Plume is humble, timid, absent-minded. He finds himself involved in situations which may be farcical or tragic: in a restaurant, a train or a royal palace. Sometimes he is dealing with men stronger than himself, and he sees them as persecutors, possible judges. He feels himself guilty and condemned in advance. In such a situation there is only one way out: withdrawal from the unequal struggle.

The first excerpt shows Plume in a restaurant. He has ordered something which is not on the menu. He is trying to apologise, to justify himself, but does not manage to convince anyone. He is going to be involved with the police.

The second excerpt takes place in Denmark in the Queen's apartments. While waiting to present his credentials, Plume, an ambassador, yields willingly to the curious whims of the Queen.

> *Quand le malheur tire son fil, comme il découd, comme il découd!*
> H. Michaux, *Lointain intérieur*

From
Un certain Plume

Plume déjeunait au restaurant, quand le maître d'hôtel s'approcha, le regarda sévèrement et lui dit d'une voix basse et mystérieuse: «Ce que vous avez là dans votre assiette ne figure pas sur la carte.»

Plume s'excusa aussitôt.

«Voilà, dit-il, étant pressé, je n'ai pas pris la peine de consulter la carte. J'ai demandé à tout hasard une côtelette, pensant que peut-être il y en avait, ou que sinon on en trouverait aisément dans le voisinage, mais prêt à demander toute autre chose si les côtelettes faisaient défaut. Le garçon sans se montrer particulièrement étonné s'éloigna et me l'apporta peu après et voilà. . . .

«Naturellement je la paierai le prix qu'il faudra. C'est un beau morceau, je ne le nie pas. Je le paierai son prix sans hésiter. Si j'avais su, j'aurais volontiers choisi une autre viande ou simplement un œuf, de toute façon maintenant je n'ai plus très faim. Je vais vous régler immédiatement.»

Cependant le maître d'hôtel ne bouge pas. Plume se trouve atrocement gêné. Après quelque temps relevant les yeux . . . hum! c'est maintenant le chef de l'établissement qui se trouve devant lui.

Plume s'excusa aussitôt.

«J'ignorais, dit-il, que les côtelettes ne figuraient pas sur la carte. Je ne l'ai pas regardée, parce que j'ai la vue fort basse, et que je n'avais pas mon pince-nez sur moi, et puis, lire me fait toujours un mal atroce. J'ai demandé la première chose qui m'est venue à l'esprit et plutôt pour amorcer d'autres propositions que par goût personnel. Le garçon sans doute préoccupé n'a pas cherché plus loin, il m'a apporté ça, et moi-même d'ailleurs tout à fait distrait je me suis mis à manger, enfin . . . je vais vous payer à vous-même puisque vous êtes là.»

Cependant le chef de l'établissement ne bouge pas. Plume se sent de plus en plus gêné. Comme il lui tend un billet, il voit tout à coup la manche d'un uniforme; c'était un agent de police qui était devant lui.

Plume s'excusa aussitôt.

Voilà, il était entré là pour se reposer un peu. Tout à coup, on lui crie à brûle-pourpoint[1]: «Et pour Monsieur? Ce sera . . .?»

«Oh . . . un bock,» dit-il. «Et après? . . .» crie le garçon fâché; alors plutôt pour s'en débarrasser que pour autre chose «eh bien, une côtelette!»

Il n'y songeait déjà plus, quand on la lui apporta dans une assiette; alors, ma foi, comme c'était là devant lui . . .

«Ecoutez, si vous vouliez essayer d'arranger cette affaire, vous seriez bien gentil. Voici pour vous.»

[1] point-blank, bluntly.

Et il lui tend un billet de cent francs. Ayant entendu des pas s'éloigner, il se croyait déjà libre. Mais c'est maintenant le commissaire de police qui se trouve devant lui.

Plume s'excusa aussitôt.

«Il avait pris un rendez-vous avec un ami. Il l'avait vainement cherché toute la matinée. Alors comme il savait que son ami en revenant du bureau passait par cette rue, il était entré ici, avait pris une table près de la fenêtre et comme d'autre part l'attente pouvait être longue et qu'il ne voulait pas avoir l'air de reculer devant la dépense, il avait commandé une côtelette; pour avoir quelque chose devant lui. Pas un instant il ne songeait à consommer. Mais l'ayant devant lui, machinalement, sans se rendre compte le moins du monde de ce qu'il faisait, il s'était mis à manger.»

Il faut savoir que pour rien au monde il n'irait au restaurant. Il ne déjeune que chez lui. C'est un principe. Il s'agit ici d'une pure distraction, comme il peut en arriver à tout homme énervé, une inconscience passagère; rien d'autre.

Mais le commissaire ayant appelé au téléphone le chef de la Sûreté: «Allons, dit-il à Plume en lui tendant l'appareil. Expliquez vous une bonne fois. C'est votre seule chance de salut.»

Et un agent le poussant brutalement lui dit:

«Il s'agira maintenant de marcher droit, hein?» Et comme les pompiers faisaient leur entrée dans le restaurant, le chef de l'établissement lui dit:

«Voyez quelle perte pour mon établissement. Une vraie catastrophe!» et il montrait la salle que tous les consommateurs avaient quittée en hâte.

Ceux de la Secrète lui disaient:

«Ça va chauffer,[2] nous vous prévenons. Il vaudra mieux confesser toute la vérité. Ce n'est pas notre première affaire, croyez-le. Quand ça commence à prendre cette tournure, c'est que c'est grave.»

Cependant, un grand rustre d'agent par-dessus son épaule lui disait:

«Ecoutez, je n'y peux rien. C'est l'ordre. Si vous ne parlez pas dans l'appareil, je cogne. C'est entendu? Avouez! vous êtes prévenu. Si je ne vous entends pas, je cogne.»

[2] There'll be trouble.

DANS LES APPARTEMENTS DE LA REINE

Comme Plume arrivait au palais, avec ses lettres de créance, la Reine lui dit:

— Voilà. Le Roi en ce moment est fort occupé. Vous le verrez plus tard. Nous irons le chercher ensemble si vous voulez bien, vers cinq heures. Sa Majesté aime beaucoup les Danois, Sa Majesté vous recevra bien volontiers, vous pourriez peut-être un peu vous promener avec moi en attendant.

Comme le palais est très grand, j'ai toujours peur de m'y perdre et de me trouver tout à coup devant les cuisines, alors, vous comprenez, pour une Reine, ce serait tellement ridicule. Nous allons aller par ici. Je connais bien le chemin. Voici ma chambre à coucher.

Et ils entrent dans la chambre à coucher.

— Comme nous avons deux bonnes heures devant nous, vous pourriez peut-être me faire un peu la lecture, mais ici je n'ai pas grand-chose d'intéressant. Peut-être jouez-vous aux cartes. Mais je vous avouerai que moi je perds tout de suite.

De toute façon ne restez pas debout, c'est fatigant; assis on s'ennuie bientôt, alors on pourrait peut-être s'étendre sur le divan.

Et ils s'étendent sur le divan.

Mais elle se relève bientôt.

— Dans cette chambre, il règne toujours une chaleur insupportable. Si vous vouliez m'aider à me déshabiller, vous me feriez plaisir. Après, on pourra parler comme il faut. Je voudrais tant avoir quelques renseignements sur le Danemark. Cette robe du reste s'enlève si facilement, je me demande comment je reste habillée toute la journée. Cette robe s'enlève sans qu'on s'en rende compte. Voyez, je lève les bras, et maintenant un enfant la tirerait à lui. Naturellement, je ne le laisserais pas faire. Je les aime beaucoup, mais on jase tellement dans un palais, et puis les enfants ça égare tout.

Et Plume la déshabille.

— Mais vous, écoutez, ne restez pas comme ça. Se tenir tout habillé dans une chambre, ça fait très guindé, et puis je ne peux vous voir ainsi, il me semble que vous allez sortir et me laisser seule dans ce palais qui est tellement vaste.

Et Plume se déshabille. Ensuite, il se couche en chemise.

— Il n'est encore que trois heures et quart, dit-elle. En savez-vous vraiment autant sur le Danemark que vous puissiez m'en parler pendant une heure trois quarts? Je ne serai pas si exigeante. Je comprends que cela serait très difficile. Je vous accorde encore quelque temps pour la réflexion. Et, tenez, en attendant, comme vous êtes ici, je vais vous montrer quelque chose qui m'intrigue beaucoup. Je serais curieuse de savoir ce qu'un Danois en pensera.

J'ai ici, voyez, sous le sein droit, trois petits signes. Non pas trois, deux petits et un grand. Voyez le grand, il a presque l'air de... Cela est bizarre en vérité, n'est-ce pas, et voyez le sein gauche, rien! tout blanc!

Écoutez, dites-moi quelque chose, mais examinez bien, d'abord, bien à votre aise...

Et voilà Plume qui examine. Il touche, il tâte avec des doigts peu sûrs, et la recherche des réalités le fait trembler, et ils font et refont leur trajet incurvé.

Et Plume réfléchit.

— Vous vous demandez, je vois, dit la Reine, après quelques instants (je vois maintenant que vous vous y connaissez). Vous voudriez savoir si je n'en ai pas un autre. Non, dit-elle, et elle devient toute confuse, toute rouge.

Et maintenant parlez-moi du Danemark, mais tenez-vous tout contre moi, pour que je vous écoute plus attentivement.

Plume s'avance; il se couche près d'elle et il ne pourra plus rien dissimuler maintenant.

Et, en effet:

— Écoutez dit-elle, je vous croyais plus de respect pour la Reine mais enfin puisque vous en êtes là, je ne voudrais pas que *cela* nous empêchât dans la suite de nous entretenir du Danemark.

Et la Reine l'attire à elle.

— Et caressez-moi surtout les jambes, disait-elle, sinon, je risque tout de suite d'être distraite, et je ne sais plus pourquoi je me suis couchée...

C'est alors que le Roi entra!

* * *

Aventures terribles, quels que soient vos trames et vos débuts, aventures douloureuses et guidées par un ennemi implacable.

Un certain Plume, © Gallimard 1937

ANDRÉ GIDE

Thésée

Presented by B. W. Roennfeldt

INTERPRETING the work of ANDRÉ GIDE (1869–1951) can still be a controversial literary undertaking, more than fifteen years after his death.

The loss of his father in 1880 left the responsibility for his subsequent upbringing, in an austere Protestant home environment, mainly with his mother. Various factors, traceable almost certainly to his extremely sensitive nature and his domestic background, led to a chequered school life. In 1893 he left on the first of two journeys to North Africa in a state of poor physical health and profound moral uncertainty. He returned to France transformed physically and in outlook by the revelation his experiences in Africa had brought him.

Les Nourritures terrestres (1897) and *L'Immoraliste* (1902) propounded his new-found belief in the necessity for each individual to seek with unbounded fervour the possibilities that life held for him. *La Porte étroite* (1909) reflected the problem of physical and spiritual communion between two individuals which had acutely exercised Gide's mind since his marriage to his cousin in 1895. After helping establish the *Nouvelle revue française* (1909), he published *Les Caves du Vatican* in 1914 and devoted the first two years of the First World War to voluntary work at the Foyer Franco-Belge. An intense religious crisis at this period led up to *La Symphonie pastorale* (1919), in which Gide's questioning of orthodox Christian interpretations of the Bible assumed narrative form. The autobiography of his early life, *Si le grain ne meurt* (1920), was followed by a notable contribution to the development of the form of the modern novel, *Les Faux-monnayeurs* (1925). In the following years he sought to give his doctrine of individualism a more socially biased orientation. *Thésée* (1946) shortly preceded the award of the Nobel Prize in recognition of his contribution to European literary thought over more than half a century.

8

BOOKS ON GIDE

Roger Martin du Gard, *Notes sur André Gide*, Gallimard, 1951.
Robert Mallet, *Une Mort ambiguë*, Gallimard, 1955.
Jean Delay, *La Jeunesse d'André Gide*, 2 vol., Gallimard, 1956–58.
Wallace Fowlie, *André Gide: his life and art*, The Macmillan Company, New York, 1965.
Helen Watson-Williams, *André Gide and the Greek Myth*, O.U.P., 1967.

In THÉSÉE Gide summed up his faith in mankind and its future, and it was appropriate that such a convinced humanist of modern times should choose as the framework for his literary testament a story handed down from an earlier era of humanism.

In this *récit* Gide reiterated for the last time his belief in individualism and the relationship he saw between it and society. Within the framework of the myth, a form of communication whose very nature implies communal tradition and continuity, Theseus exemplifies Gide's belief in the individual's duty to take hold of his freedom and carve out a balanced life that is uniquely his own. Having discovered himself, the individual can then make his contribution to the community. '*Il s'agit d'abord de bien comprendre qui l'on est,*' is the advice of Theseus to his son, '*ensuite il conviendra de prendre en conscience et en mains l'héritage.*'

Theseus, in so far as he responds to the manifold possibilities of life even into his advanced years, is the Gidean hero who has consistently and with success adhered all along to the injunctions *passe outre* and *ne demeure jamais*, always heeding them, however irresistible the temptations and enjoyments of the task in hand, be it fraught with danger or love.

In the same way as this and other earlier themes are taken up again and restated in *Thésée*, so also does the style recall certain aspects of Gide's earlier manner, and lyricism, humour and irony, both verbal and structural, are present as previously, together with the same compact and harmonious use of language.

The story of the life of Theseus, as recounted by the ageing hero himself in Gide's récit, falls into three sections drawn substantially from the traditional tale. He recalls first the events of his early years together with the feats of strength which made him famous and fitted him for manhood. He passes on to tell how

he crossed to the island of Crete as one of the annual band of victims destined
for sacrifice to the Minotaur, a creature half man, half bull. There, with the
help of Ariadne, the daughter of King Minos of Crete, he successfully entered
the Labyrinth, slayed the Minotaur, found his way out again and escaped
back to Greece, abandoning Ariadne on the way. In the final section he
reviews his achievements as ruler of Athens since his return from Crete.

Having chosen the traditional account, however, Gide nonchalantly varies
conventional emphasis, interpretation and detail in order to make the story a
vehicle for his own symbolical message. In his hands it is the Labyrinth, not
the Minotaur, which constitutes the greater threat to Theseus. It becomes a
symbol of the forces in life acting to hamper the free development of the indivi-
dual.

As the following extracts indicate, Gide also combines the story of Daedalus
with that of Theseus, making him the mentor from whom Theseus learns how
to tackle the task of entering the Labyrinth and slaying the Minotaur. The
thread linking Theseus to Ariadne also takes on a Gidean significance.

From
Thésée

Dédale[1] s'était levé pour m'accueillir dans la salle peu éclairée où je le
surpris incliné sur[2] des tablettes, des plans étalés, entouré de quantité
d'instruments bizarres. Il est de très haute stature, non courbé malgré son
grand âge; porte une barbe plus longue encore que celle de Minos,[1]
laquelle est restée noire, blonde celle de Rhadamante,[1] tandis que celle
de Dédale est argentée. Son front vaste est coupé de profondes rides
horizontales. Ses sourcils broussailleux couvrent à demi son regard
lorsqu'il tient la tête baissée.[3] Il a le parler lent,[4] la voix profonde. L'on
comprend que lorsqu'il se tait, c'est pour penser.

Il commença par me féliciter de mes prouesses, dont l'écho, me dit-il,
était parvenu jusqu'à lui, si retiré qu'il se tînt à l'abri des bruits du

---

[1] *Daedalus*, an Athenian architect and inventor, banished to Crete; *Minos*, king
of Crete; *Rhadamanthus*, his brother; *Hercules*, a hero of antiquity, noted for
his strength.
[2] where I found him bending over ...
[3] looks down.
[4] his speech is slow.

monde.[5] Il ajouta que je lui paraissais un peu niais; qu'il ne tenait pas les faits d'armes en grande estime, ni que[6] la valeur de l'homme fût dans ses bras.

— J'ai, dans le temps,[7] passablement fréquenté[8] ton prédécesseur Hercule.[1] Il était bête et l'on ne pouvait rien tirer de lui que d'héroïque.[9] Mais ce que je goûtais en lui, comme je goûte en toi, c'est une sorte de dévouement à la tâche, de hardiesse sans recul,[10] et même de témérité qui vous précipite en avant et triomphe de l'adversaire après avoir triomphé de ce que nous avons en chacun de nous de couard.

Hercule était plus appliqué que toi; plus soucieux aussi de bien faire; triste un peu, surtout après l'exploit accompli. Or ce que j'aime en toi, c'est la joie; par quoi tu diffères d'Hercule. Je te louerai de ne point te laisser embrasser par la pensée. C'est affaire à d'autres,[11] qui eux n'agissent pas, mais fournissent belles et bonnes raisons d'agir.

[...] A ton âge, j'étais surtout désireux de m'instruire. Je me persuadai vite que la force de l'homme ne peut rien ou pas grand-chose sans instruments et que le dicton: «engin mieux vaut que vigueur»,[12] dit vrai. Tu n'aurais pu soumettre assurément les brigands du Péloponnèse[13] ou de l'Attique,[13] sans les armes que t'avait remises ton père. Ainsi pensai-je que je ne saurais m'employer mieux qu'à mener à plus de perfection celles-ci,[14] et que je ne le pourrais faire que je ne connusse d'abord mathématique,[15] mécanique et géométrie aussi bien pour le moins qu'on ne les connaissait alors en Égypte,[16] où l'on en tire grand parti;[17] puis aussi, pour passer de leur enseignement à la pratique, que

[5] in spite of his living in seclusion and remote from the din of the world.

[6] nor did he consider that . . .

[7] in the past.

[8] I was on fairly good terms with.

[9] you could get nothing out of him but heroic acts.

[10] unshrinking.

[11] that's the concern of others.

[12] 'better a tool than one's own strength'.

[13] *Peloponnese*, the southern peninsula of Greece; *Attica*, a region of Ancient Greece. Its capital was Athens. The reference here is to exploits accomplished by Theseus in his early manhood.

[14] I could not put my life to better use than to perfecting tools.

[15] without first knowing mathematics.

[16] at least as well as they were then known in Egypt.

[17] where they are turned to good use.

je ne m'instruisisse[18] sur toutes propriétés et qualités des diverses
matières, même de celles qui ne paraissaient pas d'un immédiat emploi,[19]
en lesquelles on découvre parfois d'extraordinaires vertus que l'on ne
soupçonnait pas d'abord, comme il advient de même en les hommes.
Ainsi s'étendait et se fortifiait mon savoir.

Puis, pour connaître d'autres métiers et industries, d'autres climats,
d'autres plantes, je m'en fus visiter[20] des pays lointains, me mettre à
l'école de savants étrangers, et ne les quittai point qu'ils eussent encore
à m'apprendre.[21] Mais où que j'allasse[22] ou demeurasse, je restais Grec.
Aussi bien, c'est parce que je te sais et te sens fils de la Grèce, que je
m'intéresse à toi, mon cousin.

A mon retour en Crète,[23] je m'entretins avec Minos de mes études
et de mes voyages; puis lui fis part[24] d'un projet que j'avais nourri,
de construire et aménager, près de son palais, s'il le voulait bien et
qu'il m'en fournît les moyens,[25] un labyrinthe à l'instar de[26] celui
que j'avais admiré, en Égypte, sur la rive du lac Mœris, encore
que[27] sur un plan différent. Et comme précisément alors, Minos se
trouvait gêné, la reine ayant mis bas[28] un monstre, par la charge
du Minotaure[29] duquel il ne savait quoi faire et qu'il jugeait
séant d'isoler et de soustraire à la vue publique, il me demanda
d'élaborer un édifice et une suite de jardins non enclos qui, sans
emprisonner le monstre exactement, du moins le retinssent[30] et dont

[18] in order to move from theory to practice, I would need to gain knowledge
of . . .
[19] to be immediately useful.
[20] I set off to visit.
[21] so long as they still had something to teach me.
[22] wherever I went.
[23] *Crete*, large island in the Mediterranean, lying to the south of Greece. The
meeting between Tesseus and Daedalus took place in Cnossos, the ancient
capital.
[24] acquainted him with.
[25] if he provided me with the means.
[26] in imitation of.
[27] although.
[28] having brought forth.
[29] embarrassed at having the Minotaur on his hands. *Minotaur*, a creature half
man, half bull.
[30] would hold him in check.

il ne lui fût pas possible de s'échapper. J'y prodiguai mes soins, mes connaissances.

Or, estimant qu'il n'est pas de geôle qui vaille devant un propos de fuite obstiné,[31] pas de barrière ou de fossé que hardiesse et résolution ne franchissent, je pensai que, pour retenir dans le labyrinthe, le mieux était de faire en sorte, non point tant qu'on ne pût (tâche de me bien comprendre), mais qu'on n'en voulût pas sortir.[32] Je réunis donc dans ce lieu de quoi répondre aux appétits de toutes sortes.[33] Ceux du Minotaure ne sont ni nombreux ni divers; mais il s'agissait aussi bien de tous et de quiconque[34] entrerait dans le labyrinthe. Il importait encore et surtout de diminuer jusqu'à l'annihilation leur vouloir.[35] Pour y pourvoir je composai des électuaires que l'on mêlait aux vins qu'on leur servait. Mais cela ne suffisait pas; je trouvai mieux. J'avais remarqué que certaines plantes, lorsqu'on les jette au feu, dégagent en se consumant des fumées semi-narcotiques, qui me parurent ici d'excellent emploi.[36] Elles répondirent exactement à ce que j'attendais d'elles. J'en fis donc alimenter des réchauds,[37] qu'on maintient allumés jour et nuit. Les lourdes vapeurs qui s'en dégagent n'agissent pas seulement sur la volonté, qu'elles endorment; elles procurent une ivresse pleine de charme et prodigue de flatteuses erreurs,[38] invitent à certaine activité vaine le cerveau qui se laisse voluptueusement emplir de mirages; activité que je dis vaine, parce qu'elle n'aboutit à rien que d'imaginaire,[39] à des visions ou des spéculations sans consistance, sans logique et sans fermeté. L'opération de ces vapeurs n'est pas la même pour chacun de ceux qui les respirent, et chacun, d'après l'imbroglio que prépare alors sa cervelle, se perd, si je puis dire, dans son labyrinthe particulier. Pour mon fils Icare, l'imbroglio fut métaphysique. Pour

[31] that there is no prison proof against an obstinate resolve to escape.
[32] the best thing to do was to see to it, not so much that one could not leave (try to get my meaning) but that one would not wish to do so.
[33] something to suit every kind of appetite.
[34] of each and every person who . . .
[35] to totally destroy their will-power.
[36] excellently suited for the purpose.
[37] so I had them fed into some stoves.
[38] abounding in pleading delusions.
[39] leads only to imaginary goals.

moi, ce sont des constructions immenses, des amoncellements de palais
avec enchevêtrement de couloirs,[40] d'escaliers… où, comme pour les
ratiocinations de mon fils, tout aboutit à une impasse, à un «pas plus
avant» mystérieux.[41] Mais le plus étonnant, c'est que, ces parfums,
dès qu'on les a humés quelque temps, l'on ne peut déjà plus s'en passer;
que le corps et l'esprit ont pris goût à[42] cette ébriété malicieuse, hors de
laquelle la réalité paraît sans attrait, de sorte que l'on ne souhaite plus
d'y revenir, et que cela aussi, cela surtout, vous retient dans le labyrinthe. Connaissant ton désir d'y entrer pour y combattre le Minotaure,
je t'avertis; et si j'ai parlé si longuement de ce danger, c'est afin de te
mettre en garde. Tu ne t'en tireras pas tout seul;[43] il faut qu'Ariane[44]
t'accompagne. Mais elle doit demeurer sur le seuil et ne respirer point
les parfums. Il importe qu'elle reste de sang froid,[45] tandis que tu suc-
comberas à l'ivresse. Mais, même ivre, sache rester maître de toi: tout
est là.[46] Ta volonté n'y suffisant peut-être pas[47] (car, je te l'ai dit: ces
émanations l'affaiblissent), j'ai donc imaginé ceci: relier Ariane et toi
par un fil, figuration tangible du devoir. Ce fil te permettra, te forcera
de revenir à elle après que tu te seras écarté. Conserve toujours le ferme
propos de ne pas le rompre, quel que puisse être le charme du labyrinthe,[48] l'attrait de l'inconnu, l'entraînement de ton courage. Reviens
à elle, ou c'en est fait de tout le reste,[49] du meilleur. Ce fil sera ton attache-
ment au passé. Reviens à lui. Reviens à toi. Car rien ne part de rien, et
c'est sur ton passé, sur ce que tu es à présent, que tout ce que tu seras
prend appui.[50]

[…] Mais sache (puisque mon regard apprit l'art de discerner, à
travers le présent, le futur), sache qu'il te reste à faire de grandes choses,[51]

[40] piled-up palaces with networks of passage-ways.
[41] an enigmatical 'stop here!'
[42] developed a liking for.
[43] you won't get out of it without help.
[44] *Ariadne*, daughter of King Minos.
[45] it's important for her to remain cool.
[46] that's where the whole secret lies.
[47] your will-power perhaps not being equal to the task.
[48] whatever the fascination of the Labyrinth (may be).
[49] there's no hope for what remains.
[50] rests.
[51] there still remain great deeds for you to do.

et dans un tout autre domaine que tes prouesses du passé;[52] des choses près desquelles ces prouesses, dans l'avenir, ne paraîtront que jeux d'enfant. Il te reste à fonder Athènes,[53] où asseoir la domination de l'esprit.[54]

Donc ne t'attarde pas au labyrinthe, ni dans les bras d'Ariane, après l'affreux combat dont tu sortiras vainqueur. Passe outre.[55] Considère comme trahison la paresse. Sache ne chercher de repos que, ton destin parfait,[56] dans la mort. C'est seulement ainsi que, par delà la mort apparente, tu vivras inépuisablement recréé par la reconnaissance des hommes. Passe outre, va de l'avant, poursuis ta route, vaillant rassembleur de cités.

Maintenant, écoute, ô Thésée, et retiens mes instructions. Sans doute triompheras-tu sans peine du Minotaure, car, à le bien prendre,[57] il n'est pas si redoutable que l'on croit. On a dit qu'il se nourrissait de carnage; mais depuis quand les taureaux n'ont-ils dévoré que des prés?[58] Entrer dans le labyrinthe est facile. Rien de plus malaisé que d'en sortir. Nul ne s'y retrouve qu'il ne s'y soit perdu d'abord.[59] Et pour revenir en arrière, car les pas n'y laissent pas de trace, il te faut t'attacher à Ariane par un fil, dont je t'ai préparé quelques pelotons que tu emporteras avec toi, que tu dérouleras à mesure de ton progrès,[60] nouant l'extrémité de l'un épuisé[61] au commencement du fil de l'autre, de manière qu'il n'y ait point de cesse;[62] et tu rembobineras le fil, à ton retour, jusqu'au bout tenu par Ariane. Je ne sais pourquoi j'insiste tant, car tout cela est simple comme bonjour.[63] Ce qui est ardu, c'est de conserver jusqu'au bout du fil une résolution inébranlable de retour; résolution que les parfums et l'oubli qu'ils versent, que ta propre curiosité, que tout, va conspirer à

[52] and in a field quite different from that of your past exploits.
[53] *Athens*, capital of Attica.
[54] and there to establish the sovereignty of the mind.
[55] move on.
[56] once your destiny is accomplished.
[57] properly considered.
[58] since when have bulls eaten anything but grass?
[59] no one finds his bearings until he has first become lost.
[60] as you go.
[61] of each one as it becomes used up.
[62] so that there is no break.
[63] it's all as simple as ABC.

affaiblir. Je te l'ai déjà dit et n'ai plus rien à ajouter. Voici les pelotons.
Adieu.

Je quittai Dédale et m'en fus rejoindre Ariane.[64]

Ce fut à propos de ces pelotons qu'entre Ariane et moi s'éleva notre
première dispute. Elle voulut que je lui remette, et prétendit garder[65]
en son giron lesdits pelotons que m'avait confiés Dédale, arguant que
c'était affaire aux femmes[66] de les rouler et dérouler, en quoi elle se
disait particulièrement experte, et ne voulant pas m'en laisser le soin;
mais, en vérité, désirant ainsi demeurer maîtresse de ma destinée, ce
que je ne consentais à aucun prix. Je me doutais aussi que, ne les
déroulant qu'à contre-gré[67] pour me permettre de m'éloigner d'elle et
retenant le fil ou le tirant à elle, je serais empêché d'aller de l'avant tout
mon saoul.[68] Je tins bon,[69] en dépit de ses larmes, suprême argument des
femmes, sachant bien que lorsqu'on commence à leur céder du petit
doigt, tout le bras puis tout le reste y passe.[70]

Ce fil n'était fait ni de lin ni de laine, mais par Dédale, d'une matière
inconnue, contre laquelle mon glaive même, que j'essayai sur un petit
bout, ne pouvait rien. Je laissai ce glaive entre les mains d'Ariane,
résolu que j'étais (après ce que m'avait dit Dédale sur la supériorité que
confèrent à l'homme les instruments sans lesquels je n'aurais pu triom-
pher des monstres), résolu, dis-je, à combattre le Minotaure avec la
seule vigueur de mon bras. Arrivés donc devant l'entrée du labyrinthe,
porche orné de la double hache qui, en Crète, figurait partout, j'adjurai
Ariane de ne point s'écarter. Elle tint à attacher elle-même à mon poignet l'extrémité du fil, par un nœud qu'elle prétendit conjugal; puis tint
ses lèvres collées aux miennes durant un temps qui me parut intermi-
nable. Il me tardait d'avancer.

Mes treize compagnons et compagnes m'avaient précédé, et je les
retrouvai, dès la première salle,[71] déjà tout hébétés par les parfums.

[64] set off to rejoin.
[65] claimed it as her right to keep.
[66] it was the concern of women.
[67] reluctantly.
[68] to the extent that I would wish.
[69] I remained firm.
[70] everything else goes with it.
[71] on entering the first chamber.

J'avais omis de raconter qu'avec le fil, Dédale m'avait remis un morceau d'étoffe imprégné d'un puissant antidote contre ceux-ci, me recommandant instamment de l'assujettir en bâillon.[72] Et à cela aussi, sous le porche du labyrinthe, Ariane avait mis la main.[73] Grâce à quoi, mais ne respirant qu'à peine, je pus, parmi ces vapeurs enivrantes rester de sens lucide et de vouloir non détendu.[74] Pourtant je suffoquais un peu, habitué que j'étais, je l'ai dit, à ne me sentir bien qu'en air libre, oppressé par l'atmosphère factice de ce lieu.

Déroulant le fil, je pénétrai dans une seconde salle, plus obscure que la première; puis dans une autre plus obscure encore; puis dans une autre, où je n'avançai plus qu'à tâtons.[75] Ma main, frôlant le mur, rencontra la poignée d'une porte, que j'ouvris à un flot de lumière. J'étais entré dans un jardin. En face de moi, sur un parterre fleuri de renoncules, d'adonides, de tulipes, de jonquilles et d'œillets, en une pose nonchalante, je vis le Minotaure couché. Par chance, il dormait. J'aurais dû me hâter et profiter de son sommeil, mais ceci m'arrêtait et retenait mon bras: le monstre était beau. Comme il advient pour les centaures, une harmonie certaine conjuguait en lui l'homme et la bête. De plus, il était jeune, et sa jeunesse ajoutait je ne sais quelle charmante grâce[76] à sa beauté; armes, contre moi, plus fortes que la force et devant lesquelles[77] je devais faire appel à tout ce dont je pouvais disposer d'énergie.[78] Car on ne lutte jamais mieux qu'avec le renfort de la haine; et je ne pouvais le haïr. Je restai même à le contempler quelque temps. Mais il ouvrit un œil. Je vis alors qu'il était stupide et compris que je devais y aller...[79]

Ce que je fis alors, ce qui se passa, je ne puis le rappeler exactement. Si étroitement que m'embâillonnât le tampon, je ne laissais pas d'avoir l'esprit engourdi[80] par les vapeurs de la première salle; elles affectaient

[72] urging me strongly to use it as a mask.

[73] Ariadne had had a hand in that too.

[74] keep my judgment clear and my will-power unrelaxed.

[75] where by now I only groped my way forward.

[76] a fascinating charm, difficult to define.

[77] in the face of which.

[78] call on all the strength I could muster.

[79] realised that I must get down to business.

[80] although the cloth gagged me tightly, my mind was nevertheless affected ...

ma mémoire, et, si pourtant je triomphai du Minotaure, je ne gardai de
ma victoire sur lui qu'un souvenir confus mais, somme toute, plutôt
voluptueux. Suffit,[81] puisque je me défends d'inventer. Je me souviens
aussi, comme d'un rêve,[82] du charme de ce jardin, si capiteux que je
pensais ne pouvoir m'en distraire;[83] et ce n'est qu'à regret, quitte du
Minotaure,[84] que je regagnai, rembobinant le fil, la première salle, où
rejoindre[85] mes compagnons.

© Editions Gallimard 1946

[81] but that will do.
[82] as though from a dream.
[83] drag myself away from it.
[84] having dealt with the Minotaur.
[85] there to rejoin.

SUPERVIELLE

La Femme retrouvée

Presented by Elaine Boucher

JULES SUPERVIELLE (1884–1959): Born in Uruguay of French parentage, Supervielle was orphaned at an early age, but nevertheless spent a happy childhood in South America in the care of French relatives. Then his time was divided between the two countries: secondary and tertiary studies, military service in France; marriage in South America. Even after taking up residence in France, the author and his family made regular visits to South America. After the Second World War the Uruguayan Government appointed Supervielle to the post of Cultural Attaché at its Paris embassy, thus officially recognising his dual nationality and its importance in his life and work.

Literature attracted him early, and his first collection of poems was published in the same year he completed his secondary schooling. He showed equal ability as a poet, dramatist and writer of short stories. Among the most famous of his many works are: *Le Forçat innocent* (1930)—verse; *L'Enfant de la haute mer* (1931)—probably his best short story; *La Fable du monde* (1938)—verse; *L'Arche de Noé* (1938)—short stories; *Oublieuse mémoire* (1949)—verse; *Robinson* (1949)—play; *Le Voleur d'enfants* (1949)—play; *Le Corps tragique* (1959)—verse.

Supervielle died in Paris in 1959, a respected figure greatly mourned in the literary world.

BOOKS ON SUPERVIELLE
  Claude Roy, *Supervielle*, P. Seghers, 1946.
  Etiemble, *Supervielle*, Gallimard, 1960.

L'ARCHE DE NOÉ: Several major themes dominate the work of Supervielle and act as a unifying force between his drama, prose and verse. Among the most important are his Franco-Uruguayan heritage, a sense of the wonder and mystery of the universe, a love of nature and animal life and a fascination with questions of life and death, memory and the past. Supervielle's childlike simplicity of approach gives freshness and a uniquely human quality to these themes, which are interwoven in the stories of *L'Arche de Noé*.

Though not religious in the conventional sense, Supervielle felt keenly that only the finest division separates life from death. The worlds of the living and of the dead can and often do intermingle for him, as we see in *La Femme retrouvée*, the last story in the collection *L'Arche de Noé*. Similarly, in this story we find a mingling of the human and animal worlds, another common procedure with Supervielle, in whose work animals appear to have such human qualities that it is quite simple for metamorphosis to take place from one species to the other.

Supervielle's deliberate avoidance of fixed, dogmatic attitudes imparts to his work a gentle, tentative, often whimsical tone, of which we see many examples in *La Femme retrouvée*. His moderation, gentleness and essential humanity shine out among the attitudes of dogmatic commitment more popular with writers during the troubled first half of this century.

Chemin, a teacher in Paris, is aware of only one fault in his wife: her tactless remarks. One day he is so piqued by her comment that his nose is getting larger as he grows older that he leaves home to teach her a lesson, is shipwrecked and drowns.

In the next life—a quite secular spirit existence whose main feature is the boredom of having nothing to do—his first act is to request a new nose. Later he realises the depth of his love for his wife and, thanks to the private film shows of his past life which he can watch on his 'screen of memory', he discovers many acts of kindness on her part which he had originally overlooked.

He longs to rejoin her and make amends. However, he may do so only in the form of a dog. Chemin returns to Paris and becomes his wife's beloved pet. But in her loneliness she has consented to a love affair with the local butcher, a coarse, brutal man who detests the dog. Life becomes unendurable, and Chemin eventually regains the other world, this time more content with his lot.

From
La Femme retrouvée

Chemin était un petit homme à barbiche noire qui, chaque soir, s'endormait dans le contentement de soi: il venait de cirer ses chaussures avec tant de soin qu'il pensait pouvoir aller le lendemain n'importe où sans se salir.

Très fier de sa femme, plus jeune que lui de quinze ans, il ne lui connaissait qu'un défaut[1] mais qui le faisait bien souffrir: elle ne pouvait garder pour soi certaines réflexions intempestives[2] qui tout d'un coup lui échappaient comme des postillons. Après quoi elle riait pour montrer le peu d'importance qu'elle donnait à ces remarques, mais un rire a-t-il jamais rien effacé?

Il n'en avait pas moins vécu suffisamment heureux jusqu'au jour d'été où elle lui dit: «Paul, ton nez grossit avec l'âge.» Il ne répondit rien, comme toujours quand il en avait de trop sur le cœur, mais le lendemain il partit sans crier gare,[3] sur un bateau de pêche, pour l'Angleterre, afin de donner à sa femme une leçon qu'en fin de compte il endura puisqu'il fit naufrage.

Arrivé dans l'Au-Delà,[4] comme on le sollicitait d'exprimer un vœu, il se hâta de dire: «Je voudrais un petit nez, tout le reste m'est égal.»

On lui proposa divers modèles: il en choisit un, petit, mais significatif comme un œil.

— N'allez pas le prendre trop beau, lui dit le préposé aux nez,[5] un ancien chapelier qui savait fort bien ce qui seyait ou non.

— Oh! celui-là ira très bien...[6]

De temps en temps, Paul Chemin passait sa main dessus: comme il était agréable au toucher! C'était une vraie merveille de nez. Par malheur, il attirait l'attention dans la rue grise du ciel. Comme un chapeau vraiment trop clair par un jour sans soleil.

---

[1] he could find only one fault in her.
[2] untimely.
[3] without a word of warning.
[4] the next world.
[5] the official in charge of noses.
[6] that one will do nicely.

Le lendemain il revint vers l'homme aux mille nez.

— Vous avez raison, lui dit-il, je voudrais un article plus simple.

— Je n'ai pas voulu insister quand vous l'avez choisi. Ici on ne force personne. Mais je vois ce qu'il vous faut.

On alla quérir un nez absolument semblable à celui de Chemin avant qu'il se mît à grossir : «Avec ce nez-là, lui dit le fournisseur, vous n'aurez pas d'ennuis.»

Maintenant, se dit Chemin en sortant, il faut absolument que je me montre ainsi à ma femme.

Le malheureux croyait pouvoir la retrouver dans l'Au-Delà; erreur fréquente chez les morts frais débarqués.[7] Ils avaient tous reçu, en mourant, un tel coup sur la mémoire qu'ils s'imaginaient pouvoir encore fréquenter ceux qu'ils venaient de quitter. Et il fallait bien leur annoncer, avec toutes sortes de ménagements, qu'un tel[8] vivait toujours, cet autre aussi, et qu'en réalité, de toutes leurs relations et de leurs amis, ils étaient presque les seuls à être morts.

Chemin regardait autour de lui. On ne voyait pas une seule plume d'ange dans cette partie du ciel. Dieu, les saints, il n'en était pas question non plus.[9] Certains prétendaient qu'ils avaient existé autrefois, mais nul n'en gardait le souvenir. Simple accalmie divine?[10] Dieu préparait-il, dans le secret, une grande offensive? On commençait à en douter, bien qu'il restât encore là-haut les traces d'une puissance surnaturelle dont les morts profitaient. C'est ainsi qu'on pouvait choisir son climat, et, partout où vous alliez, votre climat se faisait un devoir de vous suivre. Cela ne gênait pas vos voisins dans leurs propres goûts. Vous pouviez, allongé sur l'herbe, avoir parfaitement chaud, cependant que[11] l'homme que vous touchiez du coude se promenait dans un traîneau, en pleine nuit, par une grosse neige sibérienne.

On avait d'autres avantages qui se révélaient peu à peu aux intéressés : un jour, Chemin s'aperçut que se projetait devant lui, comme sur un écran, un peu de son passé. Pour revoir telle ou telle partie de son existence révolue,[12] il suffisait d'y penser avec un peu d'énergie. C'était donc

[7] who had recently landed.
[8] so-and-so.
[9] there was no sign of them either.
[10] Was it simply a lull on God's part?
[11] whilst.
[12] previous.

cela le cinéma de la mémoire, dont il avait entendu parler par ses compagnons.

L'écran de Chemin représentait ce jour-là le naufrage où il avait trouvé la mort. La vue était si nette et convaincante qu'il invita quelques camarades à y assister. Politesse courante[13] entre désœuvrés de l'Au-Delà et une des rares distractions de ce monde où l'on n'était pas obligé de travailler pour gagner sa vie.

C'est toujours émouvant d'assister à un naufrage, mais quand vous en êtes le héros! Quand vous vous regardez vous débattre dans la tempête! Jusqu'alors il s'était demandé comment sa mort s'était au juste produite. Il le voyait maintenant avec tous les détails. Il était bel et bien mort en sauvant un mousse sur ce sacré bateau de pêche. Et les spectateurs se mirent à applaudir près de lui. On le félicita de sa mort héroïque. Ah! oui, vraiment, sa femme n'avait pas su l'apprécier.

Ainsi la mémoire livrait-elle ses secrets. On la sentait fonctionner dans une sorte de demi-conscience. Bien des choses que l'on croyait complètement oubliées se projetaient avec la fraîcheur et l'éclat de la vie même. Mais on n'invitait ses relations que pour les projections d'importance et préalablement contrôlées.[14] Il fallait être assez circonspect: quand on s'y attendait le moins surgissait quelque événement confidentiel, et il valait mieux comme on dit, laver son linge sale en famille. De plus, dans la vie de chacun il y avait des répétitions, beaucoup de longueurs, et cela faisait mauvais effet, même auprès des meilleurs amis, d'être obligé d'appuyer continuellement l'index sur le milieu du front, pour faire fonctionner l'accélérateur de la mémoire.

Chemin décida d'assister sans témoin aux projections, ne tenant pas à être[15] consolé, si le besoin s'en faisait sentir.[16] Les premiers temps, il évita de revoir sa femme, à qui il en voulait encore.[17] Dès qu'elle se présentait, il appuyait au milieu de son front, préférant se contempler, par exemple parmi ses élèves, quand il faisait ses classes, ou jouant à la belote avec ses collègues de l'école communale. Mais comme c'était la seule question qui l'intéressât vraiment, il décida un jour de s'employer à découvrir le rôle véritable de sa femme dans sa vie.

[13] This was a common courtesy.
[14] inspected beforehand.
[15] not wanting to be.
[16] was felt.
[17] still had a grudge.

Décidément, elle était très photogénique. Jamais il ne l'avait vue aussi jolie. Potelée à souhait, pour lui si sec.[18] Et si fraîche dès le matin. Tout de suite réveillée, alors que tant de femmes mettent si longtemps à se rassembler au sortir de la nuit.

C'est vrai qu'ils n'avaient même pas de femme de ménage. Il s'en apercevait maintenant. Il était bien temps de plaindre sa femme à qui, chaque jour, il avait fallu laver, repasser, brosser, chauffer, cuire, faire refroidir ... presque tous les verbes du dictionnaire... Et ce regard plein d'intelligente tendresse qu'elle eut vers lui le jour où il mit son costume neuf, le dernier, qui devait être si mouillé[19] durant le naufrage.

Les gros plans,[20] comme un fait exprès, faisaient toujours valoir quelque particulière gentillesse de sa femme à son égard, par exemple, quand elle lui donnait le meilleur morceau, gardant pour elle l'os et la graisse, ou quand elle payait la note du gaz avec ce qu'il lui donnait pour sa toilette.

Ah! pourquoi était-il donc parti de chez lui? Et pour faire naufrage! C'était bien fait, imbécile! Et il lui fallait maintenant se contenter de l'humble vie d'un défunt.

Parfois, Chemin rôdait, malgré lui, sur la Place-des-Nouveaux-Arrivants, dans l'espoir d'y voir débarquer sa femme. Mais tout d'un coup: «Non, non et non, pensait-il en s'enfuyant à toutes jambes, je ne puis pas souhaiter la mort de l'être que j'aime le plus au monde.»

*   *   *

Enfin Chemin arriva au lieu dit le «Fidèle Souvenir». C'était une petite place parfaitement ronde et entourée de guichets où s'inscrivaient des noms d'animaux: «Chats, Oiseaux, Éléphants, Belettes, Chiens, etc.»

Dès qu'il eut mis le pied en cet endroit, il fut la proie d'un léger tremblement nerveux, impossible à réprimer.

Il croisa un homme qui venait du guichet «Chiens» et s'y dirigea. Le guichetier[21] ressemblait à un tondeur que Chemin avait vu un jour sur Terre... Il commença par regarder l'ancien instituteur dans le fond

[18] As plump and dimpled as he could wish, he who was so thin.
[19] which was to get so wet.
[20] Close-ups.
[21] The clerk.

des yeux, à la racine même de l'âme, puis il lui soumit des images coloriées de chiens: caniche,[22] pékinois, roquet[23] sur les genoux d'une vieille dame, lévrier[24] courant derrière un cerf, ménages de terre-neuve[25] entourés de chiots[26] à l'air déjà dévoué.

Que voulait-on qu'il fît de tout ça? Pourquoi ce tableau de famille?

— Vous comprenez bien, dit l'homme du guichet, que nous ne pouvons vous envoyer sur terre dans la peau d'un homme. Ce serait vraiment trop commode et nous serions assaillis de demandes. Alors, si vraiment vous y tenez, nous vous donnions à choisir entre ces modèles.

Chemin eut honte de reculer:

— J'accepte, dit-il en rougissant autant que peut le faire une ombre.

Et il tendait au guichetier une image de fox-terrier. Sa femme adorait ces chiens.

— Alors, remplissez le formulaire que voici et signez, dit l'homme d'un air las.

Le papier disait:

Je consens à devenir (désignez le genre de chien, écrivez lisiblement) *dans la ville de … pour la durée de … ans … mois … jours.*

Et, en gros caractères:

«A MES RISQUES ET PÉRILS»

Chemin biffa *ans*, biffa *mois*, biffa *jours* et écrivit: *pour le plus longtemps possible*, puis il signa de l'air décidé d'un homme qui s'engage à la Légion Étrangère.

* * *

Depuis quelques jours, il aurait mordu sa femme avec joie. Au mollet, oui, qu'elle avait fourni et d'une blancheur qui appelait les canines et le sang.[27] Il connaissait très bien la place pour l'avoir caressée autrefois; elle était lisse à souhait. Mais pourquoi ne pas mordre plutôt

---

[22] poodle.

[23] pug.

[24] greyhound.

[25] Newfoundland.

[26] pups.

[27] which was well shaped and so white as to set the teeth on edge and the blood coursing.

le boucher? Ce n'était pas la lâcheté, cela dégoûtait le chien d'enfoncer ses crocs dans cette sale viande de mâle.

La rage?[28] Il se souvenait maintenant d'avoir lu que cette maladie se caractérise par une période de tristesse comme celle qu'il avait constatée chez lui et par un changement d'habitudes, «dont il faut toujours se méfier», disent les textes. C'était bien cela. N'avait-il pas emporté son morceau de viande, l'autre jour, sous le buffet où il avait tenu à le manger? N'avait-il pas déchiré et même un peu mangé, dans le placard, la moitié d'une de ses propres chaussures, auxquelles il n'avait aucune raison d'en vouloir?

Oui, la rage née au confluent redoutable de l'homme et du chien en lui.

— Tu ne me dis plus bonjour depuis quelque temps, mon joli? Tu es tout changé, lui dit Élise.

«Ah! femme, pourquoi me regardes-tu avec cette confiance absolue? Cela finira par te coûter cher. Tu couds aujourd'hui un corsage à paillettes qui me fait trembler de tous mes membres. Cela brille devant moi avec une espèce de férocité! Pourtant, comme tu travailles tranquillement!»

Chacune des dents de Placard,[29] devenues vivantes et autonomes, réclamait sa part d'Élise. C'étaient les quatre canines qui criaient le plus fort.

Un jour, pour éloigner de lui toute idée criminelle, il essayait d'imaginer, dans une atmosphère de pureté absolue, une Élise qu'il aurait vue pour la première fois. Et, pris à son propre piège, il allait vers elle, prêt à lui lécher la main en toute innocence quand, du fond de sa mémoire d'instituteur, surgirent ces mots: «Le léchage suffit à donner la rage.»

Brusquement, il se réfugia sous l'armoire; il cachait sa langue et sa mortelle salive.

— Pauvre bête, mais qu'est-ce tu as donc? lui dit-elle.

«Ne crée donc pas de ponts entre nous, pensait-il. Arme-toi plutôt du balai, il n'est que temps!»

Plus elle lui témoignait d'affection et plus abondait la bave venimeuse du chien. Elle coulait partout. En vain essayait-il de l'avaler. Il y en avait bien plus qu'il n'en pouvait consommer.

Élise voulut tirer Placard de dessous l'armoire pour l'examiner, le

[28] rabies, madness.
[29] nom donné au chien par Élise.

mener chez le vétérinaire. Avec une canne, elle le poussait de toutes ses forces pour le faire sortir de là. La résistance du chien était vaine, il apparut tout contre le visage d'Élise qui répétait:

— Mais qu'est-ce que tu as, qu'est-ce que tu as donc?

D'un bond il saute par la fenêtre ouverte, il touche un balcon (le troisième ou le deuxième?). Cela amortit la chute, et il se retrouve boiteux et sanglant sur le pavé de Paris. Il avance d'un pas rapide malgré tout, comme si la rage lui donnait des forces inconnues. Il se dirige maintenant vers l'école où il enseignait naguère. Tant de fois il a mis ses élèves en garde, avec dessins au tableau noir, contre les chiens enragés, et voilà qu'il répond avec exactitude au signalement et, avant de mourir, tient à se présenter en classe, avec la gravité d'une leçon de choses.[30]

Tout d'un coup, oubliant où il va, il hésite sur la route à suivre. On en profite pour lui taper dessus.[31] Toute la ville est à ses trousses.[32] Lui lance-t-on[33] une barre de fer, une pierre, un pavé, ce qui reste en lui de l'instituteur l'empêche de mordre qui que ce soit.

Il a reçu tant de coups qu'il tombe. A mesure qu'il perd du sang, la rage aussi le quitte.

Élise arrive, en cheveux,[34] ayant descendu l'escalier quatre à quatre. Haletante, elle s'élance et veut prendre le chien dans ses bras.

— Élargissez donc le cercle, lui crie un agent. Vous ne voyez pas qu'il est enragé.

— Il crache du sang comme nous, dit une vieille dame.

Élise ne veut pas s'éloigner du chien qui ferme déjà les yeux malgré lui. On peut vraiment dire qu'il se voit mourir, et avec une lucidité multipliée: celle du chien, de l'homme, de sa femme qui le regarde, les yeux en larmes.

Il rendit sa défroque[35] là-haut à ce qu'on appelait le «vestiaire» et retrouva aussitôt son apparence humaine, avec son nez qui, décidément, lui allait à perfection.

L'Arche de Noé © Editions Gallimard 1938

[30] an object lesson.
[31] to strike him.
[32] on his heels.
[33] No matter whether they throw . . .
[34] hatless.
[35] his effects (i.e. his dog's appearance).

C

ALBERT CAMUS

La Femme adultère

Presented by James D. Fife

ALBERT CAMUS is an outstanding mid-twentieth-century example of a French tradition of writer-philosophers dating back through Voltaire, Montaigne and Rabelais. Like his predecessors, he examined man's condition in the contemporary world, and our age left a unique imprint upon his perceptions and mode of expression.

Born in 1913 in Algeria, Camus was eleven months old when his father was killed in the First World War. He was brought up and educated in Algiers, where ill health prevented his taking the exam for the *agrégation* and the pursuance of a professorial career. His interests in philosophy, letters and political events led him into journalism, and during the Second World War, he was an active contributor to *Combat*, a newspaper of the French Resistance movement.

A child of poverty, an observer of racial tension in North Africa, a witness to ideological strife in revolutionary Spain, and a participant in the global conflict of the forties, Camus was among those thinkers who sensed absurdity in man's struggle for order in a seemingly hostile universe. Some of his contemporaries sought solutions to 'the absurd' in the chilly, nauseous world of total freedom from established values, but Camus rejected this existentialism and pursued his own search in the more compatible humanistic tradition which recognised the importance of mankind's heritage. He was in fact an 'essentialist', one who believes that man's essence precedes his being, a view opposite to that of the existentialist.

Camus' literary efforts began in Algeria with a play written during his association with an amateur theatrical group which he had organized. Significant works followed, but his first popular success was *L'Etranger* (1942), considered by many the finest novel to come out of the war. With the cessation of hostilities, Camus' dedication to his art produced important essays, short stories, plays and novels. A fictional work, *La Peste* (1947), is an interesting complement to *L'Etranger*, for in it he proposed solutions to some of the problems of human existence which were posed in the earlier novel.

Camus was awarded the Nobel Prize in 1957 and was at the peak of his career when, on 4 January 1960, he was killed in a car accident south of Paris.

BOOKS ON ALBERT CAMUS

Jean-Claude Brisville, *Camus*, Editions Gallimard, 1959.
John Cruickshank, *Albert Camus and Literature of Revolt*, O.U.P., 1959.
N.R.F., *Hommage à Camus*, Editions Gallimard, 1960.
Adele King, *Camus*, Oliver & Boyd, 1964.
Pierre-Georges Castex, *Albert Camus et 'L'Étranger'*, Lib. J. Corti, 1965.

L'EXIL ET LE ROYAUME: The short stories which appeared in 1957 under the thematic title *L'Exil et le royaume* were Camus' last published work, and thus may be considered the final statement in the evolution of his concepts. 'La Femme adultère' is the first of several stories on the theme of human exile, also expressed in an earlier important work, *La Chute*. Despite an affinity for nature and for their fellow creatures, lucid individuals discover the absurd truth: the complexities of the universe and of civilisation isolate them from the world and from people, vital contributors to the true joy of existence.

In 'La Femme adultère', this theme receives an allegorical development which in the hands of a less skilful artist might seem trite. Janine, the middle-aged wife of a cloth merchant, decides to break the monotony of a physically, intellectually and spiritually fruitless marriage by accompanying her husband on a sales trip to North Africa's interior plateau. Reflections on her past are interwoven with the minor experiences of the long, dull bus ride, and suddenly, the reader is aware that the trip is an allegory of her existence. She moves through life with no apparent goal just as the bus moves blindly through a sand storm. Nevertheless, the movement of the bus does have a purpose, and when the monotony of the trip is interrupted by a mechanical failure, much as life is interrupted by interludes of war, a simultaneous break in the storm allows Janine to glimpse momentarily the freedom of the Bedouin shepherds and the purposeful liberty life has to offer. Her complacency is disturbed. At times the reveries and the events of the excursion are so skilfully fused as to be indistinguishable.

Janine thus becomes aware of her absurd isolation. She is bound in marriage not by love, but by fear of solitude, and is nonetheless alone. Her vision of an expanded universe, rarely seen by the confined city-dweller, arouses dormant passions. Camus rhythmically builds the tension not only to a fictional but concurrently to a fully developed sexual climax when Janine, momentarily freed from her husband and alone in the night on a deserted rampart, gives herself both physically and spiritually to the universe.

Readers who enjoy Camus' style and who appreciate his perceptions will want to complete the volume, and especially the final story, 'La Pierre qui pousse', in which the exiled hero discovers his kingdom.

From
La Femme adultère

Une mouche maigre tournait, depuis un moment, dans l'autocar aux glaces pourtant relevées. Insolite,[1] elle allait et venait sans bruit, d'un vol exténué. Janine la perdit de vue, puis la vit atterrir sur la main immobile de son mari. Il faisait froid. La mouche frissonnait à chaque rafale du vent sableux[2] qui crissait[3] contre les vitres. Dans la lumière rare du matin d'hiver, à grand bruit de tôles et d'essieux,[4] le véhicule roulait, tanguait,[5] avançait à peine. Janine regarda son mari. Des épis de cheveux grisonnants plantés bas sur un front serré, le nez large, la bouche irrégulière, Marcel avait l'air d'un faune boudeur. A chaque défoncement de la chaussée, elle le sentait sursauter contre elle. Puis il laissait retomber son torse pesant sur ses jambes écartées, le regard fixe, inerte de nouveau, et absent. Seules, ses grosses mains imberbes,[6] rendues plus courtes encore par la flanelle grise qui dépassait les manches de chemise et couvrait les poignets, semblaient en action. Elles serraient

---

[1] unwonted.
[2] gust of sand laden wind.
[3] grated.
[4] metal and gears.
[5] pitched.
[6] hairless.

si fortement une petite valise de toile, placée entre ses genoux, qu'elles ne paraissaient pas sentir la course hésitante de la mouche.

Soudain, on entendit distinctement le vent hurler et la brume minérale[7] qui entourait l'autocar s'épaissit encore. Sur les vitres, le sable s'abattait maintenant par poignées comme s'il était lancé par des mains invisibles. La mouche remua une aile frileuse,[8] fléchit[9] sur ses pattes, et s'envola. L'autocar ralentit, et sembla sur le point de stopper. Puis le vent parut se calmer, la brume s'éclaircit un peu et le véhicule reprit de la vitesse. Des trous de lumière s'ouvraient dans le paysage noyé de poussière. Deux ou trois palmiers grêles[10] et blanchis, qui semblaient découpés dans du métal, surgirent dans la vitre pour disparaître l'instant d'après.

«Quel pays!» dit Marcel.

L'autocar était plein d'Arabes qui faisaient mine de dormir, enfouis dans leurs burnous.[11] Quelques-uns avaient ramené leurs pieds sur la banquette et oscillaient plus que les autres dans le mouvement de la voiture. Leur silence, leur impassibilité finissaient par peser à Janine; il lui semblait qu'elle voyageait depuis des jours avec cette escorte muette. Pourtant, le car était parti à l'aube, du terminus de la voie ferrée,[12] et, depuis deux heures, dans le matin froid, il progressait sur un plateau pierreux, désolé, qui, au départ du moins, étendait ses lignes droites jusqu'à des horizons rougeâtres. Mais le vent s'était levé et, peu à peu, avait avalé l'immense étendue. A partir de ce moment, les passagers n'avaient plus rien vu; l'un après l'autre, ils s'étaient tus[13] et ils avaient navigué en silence dans une sorte de nuit blanche, essuyant parfois leurs lèvres et leurs yeux irrités par le sable qui s'infiltrait dans la voiture.

«Janine!» Elle sursauta à l'appel de son mari. Elle pensa une fois de plus combien ce prénom était ridicule, grande et forte comme elle était. Marcel voulait savoir où se trouvait la mallette d'échantillons.[14] Elle

---

[7] the dusty haze.
[8] chilled.
[9] staggered.
[10] pitted, ravaged by the elements.
[11] (English): burnous [hooded Arab cloaks].
[12] the railway.
[13] they became silent.
[14] the sample case.

explora du pied l'espace vide sous la banquette et rencontra un objet
dont elle décida qu'il était la mallette. Elle ne pouvait se baisser, en effet,
sans étouffer un peu. Au collège pourtant, elle était première en
gymnastique, son souffle était inépuisable. Y avait-il si longtemps de
cela? Vingt-cinq ans. Vingt-cinq ans n'étaient rien puisqu'il lui semblait
que c'était hier qu'elle hésitait entre la vie libre et le mariage, hier encore
qu'elle pensait avec angoisse à ce jour où, peut-être, elle vieillirait seule.
Elle n'était pas seule, et cet étudiant en droit qui ne voulait jamais la
quitter se trouvait maintenant à ses côtés. Elle avait fini par l'accepter,
bien qu'il fût un peu petit et qu'elle n'aimât pas beaucoup son rire avide
et bref, ni ses yeux noirs trop saillants.[15] Mais elle aimait son courage à
vivre, qu'il partageait avec les Français de ce pays. Elle aimait aussi son
air déconfit quand les événements, ou les hommes, trompaient son
attente. Surtout, elle aimait être aimée, et il l'avait submergée d'assi-
duités.[16] A lui faire sentir si souvent qu'elle existait pour lui, il la faisait
exister réellement. Non, elle n'était pas seule...

L'autocar, à grands coups d'avertisseur,[17] se frayait un passage à
travers des obstacles invisibles. Dans la voiture, cependant, personne ne
bougeait. Janine sentit soudain qu'on la regardait et se tourna vers la
banquette qui prolongeait la sienne, de l'autre côté du passage. Celui-là
n'était pas un Arabe et elle s'étonna de ne pas l'avoir remarqué au
départ. Il portait l'uniforme des unités françaises du Sahara et un képi
de toile bise[18] sur sa face tannée de chacal,[19] longue et pointue. Il
l'examinait de ses yeux clairs, avec une sorte de maussaderie, fixement.
Elle rougit tout d'un coup et revint vers son mari qui regardait toujours
devant lui, dans la brume et le vent. Elle s'emmitoufla[20] dans son manteau. Mais elle revoyait encore le soldat français, long et mince, si
mince, avec sa vareuse[21] ajustée, qu'il paraissait bâti dans une matière
sèche et friable,[22] un mélange de sable et d'os. C'est à ce moment qu'elle

[15] protruding.
[16] he had smothered her with attention.
[17] horn wildly blowing.
[18] a kepi [military cap] of heavy brown cloth.
[19] literally, 'jackal'; slang for an Algerian infantryman. Here: his tanned
soldier face.
[20] she wrapped herself warmly.
[21] his infantry jacket.
[22] crisp.

vit les mains maigres et le visage brûlé des Arabes qui étaient devant elle, et qu'elle remarqua qu'ils semblaient au large,[23] malgré leurs amples vêtements, sur les banquettes où son mari et elle tenaient à peine. Elle ramena contre elle les pans de son manteau. Pourtant, elle n'était pas si grosse, grande et pleine plutôt, charnelle, et encore désirable — elle le sentait bien sous le regard des hommes — avec son visage un peu enfantin, ses yeux frais et clairs, contrastant avec ce grand corps qu'elle savait tiède et reposant.

Non, rien ne se passait comme elle l'avait cru. Quand Marcel avait voulu l'emmener avec lui dans sa tournée, elle avait protesté. Il pensait depuis longtemps à ce voyage, depuis la fin de la guerre exactement, au moment où les affaires étaient redevenues normales. Avant la guerre, le petit commerce de tissus qu'il avait repris de ses parents, quand il eut renoncé à ses études de droit, les faisaient vivre plutôt bien que mal. Sur la côte, les années de jeunesse peuvent être heureuses. Mais il n'aimait pas beaucoup l'effort physique et, très vite, il avait cessé de la mener sur les plages. La petite voiture ne les sortait de la ville que pour la promenade du dimanche. Le reste du temps, il préférait son magasin d'étoffes multicolores, à l'ombre des arcades de ce quartier mi-indigène, mi-européen. Au-dessus de la boutique, ils vivaient dans trois pièces, ornées de tentures[24] arabes et de meubles Barbès.[25] Ils n'avaient pas eu d'enfants. Les années avaient passé, dans la pénombre qu'ils entretenaient, volets mi-clos. L'été, les plages, les promenades, le ciel même étaient loin. Rien ne semblait intéresser Marcel que ses affaires. Elle avait cru découvrir sa vraie passion, qui était l'argent, et elle n'aimait pas cela, sans trop savoir pourquoi. Après tout, elle en profitait. Il n'était pas avare; généreux, au contraire, surtout avec elle. «S'il m'arrivait quelque chose, disait-il, tu serais à l'abri.» Et il faut, en effet, s'abriter du besoin. Mais du reste, de ce qui n'est pas le besoin le plus simple, où s'abriter? C'était là ce que, de loin en loin, elle sentait confusément. En attendant, elle aidait Marcel à tenir ses livres et le remplaçait parfois au magasin. Le plus dur était l'été où la chaleur tuait jusqu'à la douce sensation de l'ennui.

Tout d'un coup, en plein été justement, la guerre, Marcel mobilisé

[23] adrift, free. This is the first suggestion of the free Arab life which will later strike Janine so strongly.
[24] wall hangings.
[25] The name of a company which sells mass-produced, inexpensive furniture.

puis réformé, la pénurie des tissus,[26] les affaires stoppées, les rues désertes et chaudes. S'il arrivait quelque chose, désormais, elle ne serait plus à l'abri. Voilà pourquoi, dès le retour des étoffes sur le marché, Marcel avait imaginé de parcourir les villages des hauts plateaux et du Sud pour se passer d'intermédiaires et vendre directement aux marchands arabes. Il avait voulu l'emmener. Elle savait que les communications étaient difficiles, elle respirait mal, elle aurait préféré l'attendre. Mais il était obstiné et elle avait accepté parce qu'il eût fallu trop d'énergie pour refuser. Ils y étaient maintenant et, vraiment, rien ne ressemblait à ce qu'elle avait imaginé. Elle avait craint la chaleur, les essaims[27] de mouches, les hôtels crasseux, pleins d'odeurs anisées. Elle n'avait pas pensé au froid, au vent coupant, à ces plateaux quasi polaires, encombrés de moraines. Elle avait rêvé aussi de palmiers et de sable doux. Elle voyait à présent que le désert n'était pas cela, mais seulement la pierre, la pierre partout, dans le ciel où régnait encore, crissante et froide, la seule poussière de pierre, comme sur le sol où poussaient seulement, entre les pierres, des graminées sèches.[28]

Le car s'arrêta brusquement. Le chauffeur dit à la contonade[29] quelques mots dans cette langue qu'elle avait entendue toute sa vie sans jamais la comprendre. «Qu'est-ce que c'est?» demanda Marcel. Le chauffeur, en français, cette fois, dit que le sable avait dû boucher[30] le carburateur, et Marcel maudit encore ce pays. Le chauffeur rit de toutes ses dents et assura que ce n'était rien, qu'il allait déboucher le carburateur et qu'ensuite on s'en irait. Il ouvrit la portière,[31] le vent froid s'engouffra dans la voiture, leur criblant aussitôt le visage[32] de mille grains de sable. Tous les Arabes plongèrent le nez dans leurs burnous et se ramassèrent sur eux-mêmes. «Ferme la porte,» hurla Marcel. Le chauffeur riait en revenant vers la portière. Posément, il prit quelques outils sous le tableau de bord,[33] puis, minuscule dans la brume, disparut à nouveau vers l'avant, sans fermer la porte. Marcel soupirait. «Tu peux

[26] the scarcity of fabrics.
[27] swarms.
[28] dry, grass-like plants.
[29] (theatre: to the wings). Here: to no one in particular, to the wind.
[30] must have obstructed.
[31] door [of a vehicle].
[32] immediately riddling their faces.
[33] the dashboard, instrument panel.

être sûre qu'il n'a jamais vu un moteur de sa vie. — Laisse!» dit Janine. Soudain, elle sursauta. Sur le remblai,[34] tout près du car, des formes drapées se tenaient immobiles. Sous le capuchon du burnous, et derrière un rempart de voiles, on ne voyait que leurs yeux. Muets, venus on ne savait d'où, ils regardaient les voyageurs. «Des bergers,» dit Marcel.

A l'intérieur de la voiture, le silence était complet. Tous les passagers, tête baissée, semblaient écouter la voix du vent, lâché en liberté sur ces plateaux interminables. Janine fut frappée, soudain, par l'absence presque totale de bagages. Au terminus de la voie ferrée, le chauffeur avait hissé leur malle, et quelques ballots,[35] sur le toit. A l'intérieur du car, dans les filets,[36] on voyait seulement des bâtons noueux[37] et des couffins[38] plats. Tous ces gens du Sud, apparemment, voyageaient les mains vides.

Mais le chauffeur revenait, toujours alerte. Seuls, ses yeux riaient, au-dessus des voiles dont il avait, lui aussi, masqué son visage. Il annonça qu'on s'en allait. Il ferma la portière, le vent se tut et l'on entendit mieux la pluie de sable sur les vitres. Le moteur toussa,[39] puis expira. Longuement sollicité par le démarreur,[40] il tourna enfin et le chauffeur le fit hurler à coups d'accélérateur. Dans un grand hoquet, l'autocar repartit. De la masse haillonneuse[41] des bergers, toujours immobiles, une main s'éleva, puis s'évanouit dans la brume, derrière eux. Presque aussitôt, le véhicule commença de sauter sur la route devenue plus mauvaise.

After many hours, the bus reaches an oasis village. Janine and Marcel clean up in their hotel room, have dinner, make the sales rounds, and before retiring do a bit of sight-seeing which includes a stop at the local fort. Janine becomes increasingly aware of her empty existence and of her isolation from Marcel. That night, unable to sleep, she dresses and slips unnoticed from the hotel.

Des guirlandes d'étoiles[42] descendaient du ciel noir au-dessus des palmiers et des maisons. Elle courait le long de la courte avenue, maintenant déserte, qui menait au fort. Le froid, qui n'avait plus à lutter

---

[34] embankment.
[35] bundles.
[36] baggage nets.
[37] knotty staves.
[38] baskets.
[39] coughed.
[40] starter.
[41] tattered.
[42] garlands of stars.

contre le soleil, avait envahi la nuit; l'air glacé lui brûlait les poumons. Mais elle courait, à demi aveugle, dans l'obscurité. Au sommet de l'avenue, pourtant, des lumières apparurent, puis descendirent vers elle en zigzaguant, Elle s'arrêta, perçut un bruit d'élytres[43] et, derrière les lumières qui grossissaient, vit enfin d'énormes burnous sous lesquels étincelaient[44] des roues fragiles de bicyclettes. Les burnous la frôlèrent; trois feux rouges surgirent[45] dans le noir derrière elle, pour disparaître aussitôt. Elle reprit sa course vers le fort. Au milieu de l'escalier, la brûlure de l'air[46] dans ses poumons devint si coupante qu'elle voulut s'arrêter. Un dernier élan la jeta malgré elle sur la terrasse, contre le parapet qui lui pressait maintenant le ventre. Elle haletait et tout se brouillait[47] devant ses yeux. La course ne l'avait pas réchauffée, elle tremblait encore de tous ses membres. Mais l'air froid qu'elle avalait par saccades[48] coula bientôt régulièrement en elle, une chaleur timide commença de naître au milieu des frissons. Ses yeux s'ouvrirent enfin sur les espaces de la nuit.

Aucun souffle, aucun bruit, sinon, parfois, le crépitement étouffé[49] des pierres que le froid réduisait en sable, ne venait troubler la solitude et le silence qui entouraient Janine. Au bout d'un instant, pourtant, il lui sembla qu'une sorte de giration pesante entraînait le ciel[50] au-dessus d'elle. Dans les épaisseurs de la nuit sèche et froide, des milliers d'étoiles se formaient sans trêve et leurs glaçons étincelants,[51] aussitôt détachés, commençaient de glisser insensiblement vers l'horizon. Janine ne pouvait s'arracher à la contemplation de ces feux à la dérive.[52] Elle tournait avec eux et le même cheminement[53] immobile la réunissait peu à peu à son être le plus profond, où le froid et le désir maintenant se combattaient. Devant elle, les étoiles tombaient, une à une, puis s'éteignaient parmi les

[43] a noise of elytrons, i.e. a whirring sound.
[44] glittered.
[45] loomed up.
[46] (The burning effect in her lungs is from the rapid inhalation of the freezing night air.)
[47] She gasped for breath and everything became jumbled.
[48] in tiny gasps.
[49] the muffled crackling.
[50] a sort of overwhelming gyration swept the heavens.
[51] ceaselessly and their sparkling crystals.
[52] adrift.
[53] advancement.

pierres du désert, et à chaque fois Janine s'ouvrait un peu plus à la
nuit. Elle respirait, elle oubliait le froid, le poids des êtres, la vie démente
ou figée,[54] la longue angoisse de vivre et de mourir. Après tant d'années
où, fuyant devant la peur, elle avait couru follement, sans but, elle s'arrêtait enfin. En même temps, il lui semblait retrouver ses racines, la
sève montait à nouveau dans son corps qui ne tremblait plus. Pressée
de tout son ventre contre le parapet, tendue vers le ciel en mouvement,
elle attendait seulement que son cœur encore bouleversé s'apaisât[55] à
son tour et que le silence se fît en elle. Les dernières étoiles des constel-
lations laissèrent tomber leurs grappes[56] un peu plus bas sur l'horizon
du désert, et s'immobilisèrent. Alors, avec une douceur insupportable,
l'eau de la nuit commença d'emplir[57] Janine, submergea le froid, monta
peu à peu du centre obscur de son être et déborda en flots ininterrompus
jusqu'à sa bouche pleine de gémissements.[58] L'instant d'après, le ciel
entier s'étendait au-dessus d'elle, renversée sur la terre froide.

Quand Janine rentra, avec les mêmes précautions, Marcel n'était pas
réveillé. Mais il grogna[59] lorsqu'elle se coucha et, quelques secondes
après, se dressa brusquement. Il parla et elle ne comprit pas ce qu'il disait.
Il se leva, donna la lumière qui la gifla en plein visage.[60] Il marcha en
tanguant vers le lavabo et but longuement à la bouteille d'eau minérale
qui s'y trouvait. Il allait se glisser sous les draps quand, un genou sur le
lit, il la regarda, sans comprendre. Elle pleurait, de toutes ses larmes,
sans pouvoir se retenir. «Ce n'est rien, mon chéri, disait-elle, ce n'est
rien.»

L'Exil et le royaume © Editions Gallimard 1957

54 the insane or inflexible life.
55 her still distressed heart grew quiet.
56 crystals.
57 began to fill. (Here, the figurative sense is nearer to 'began to impregnate'.)
58 moaning.
59 grunted.
60 struck her full in the face.

J.-M. G. LE CLÉZIO

Martin

Presented by F. A. McFarland

JEAN-MARIE LE CLÉZIO was born in 1940 in Nice of an English father
and a French mother. After obtaining his Licence ès Lettres, he presented a thesis on *La Solitude dans l'œuvre d'Henri Michaux* to the
University of Aix-en-Provence for the Diplôme d'Etudes Supérieures;
he also held temporary posts in the universities of Bristol and London.
His first novel, *Le Procès-verbal*, won the Prix Renaudot in 1963.

Subsequent works include a collection of stories, *La Fièvre*, another
novel, *Le Déluge*, and a philosophic essay, *L'Extase matérielle*.

MARTIN: Le Clézio's writings express a basically existentialist philosophy, which takes up some of the themes of Sartre and Camus. There
is the same sense of the absurdity of human life, though Le Clézio's
revolt is not so much against the inevitability of death (Camus'
'mathématiques sanglantes') as against the materialistic values of
modern society. The inability of his characters to communicate with
their fellow-men reminds one of the similar predicament of Camus'
'Etranger', and of Sartre's dictum: 'L'enfer, c'est les autres'. But
'characters' is really a misnomer. Careful character-drawing is not in
favour among most of the more significant post-war writers, and
Le Clézio's protagonists remain little more than vehicles for the pro-
pounding of his philosophical ideas.

It does not follow, however, that they live in a world of abstract
theorising. When Martin, for example, is lying in the sand-pit he is
not really *thinking* at all, but trying to *feel* the true nature of the objects
around him. We find the same preoccupation with the hidden reality
which lies behind physical appearance in the works of existentialist
writers, and notably in Sartre's *La Nausée*, but there the approach is
largely intellectual. Le Clézio, one of the few writers to receive wide-

spread recognition before the age of 25, is young enough to have been influenced by the 'nouveau roman', and it is not difficult to draw a parallel between his obsession with physical objects and a similar 'chosisme' in the work of Robbe-Grillet. His minute and brilliantly successful descriptions are not merely stylistic exercises, however. Le Clézio sees the human animal, like all other animals, as forming a part, in the most literal sense, of the material world, and the attempt to achieve a fuller understanding of the object of his contemplation by identifying himself with it—the search for *empathy*—is a major feature of all his writing.

It is in such passages that Le Clézio is at his best. As a thinker he is not easy to follow, and when he is in philosophic vain he does not always avoid the pitfall of sonorous obscurity; but when he describes the world around and within us he shows to a remarkable degree that ability to make us see familiar objects in a new light which is the hallmark of an outstanding writer.

This is the best of the stories in the collection La Fièvre. *The 'hero' is a child prodigy who, at the age of twelve, has already obtained his* brevet *and is preparing for the* baccalauréat *examinations. Before leaving for America to lecture on religious philosophy, he holds a press-conference in the H.L.M. (i.e. block of working-class flats), where he lives with his parents. This enables Le Clézio to give his own views on a number of subjects, including education, the art of writing (N.B. not 'literature', a despised term) and religion. Our extract begins with the final question and answer of this section. Then follows a scene in which the experience of the physical world in a children's sand-pit is contrasted with the highly intellectual but abstract tone of the press-conference. Needless to say, Martin's parents are totally unable to understand him—when Martin is busy empathising, his mother thinks he is playing in the sand—and this lack of communication is further developed in a final scene, in which Martin is bullied and humiliated by his own generation, in the persons of a gang of working-class children.*

From
Martin

«Mais alors Dieu n'ordonne pas aux hommes? Les hommes sont libres?»

«Ils sont libres, oui. Mais la vie du saint ne fait que peu de cas de cette liberté. Ce qui importe, c'est la connaissance la plus parfaite possible de la dimension divine. Les hommes sont conditionnés par cette nature divine qu'ils portent en eux du fait qu'ils sont vivants. Le bien, le mal, ce ne sont que de misérables contingences humaines.[1] La police est là pour qu'elles soient observées, ces contingences. Mais ce à quoi tout homme est tenu, et ce à quoi nul ne l'oblige, c'est à monter vers Dieu. A monter plus haut, à fixer sa volonté et son désir sur son propre état d'existence, et à serrer, oui, en quelque sorte, à serrer, à étreindre, à être de plus en plus rapproché du centre, du noyau, à multiplier par l'adoration et par la sainteté la puissance unique de la vie, à la développer, comme cela, sans voir, aveuglément, avec une foi et une densité, une volonté d'être toujours plus grandes, et ainsi sans cesse, le plus directement, le plus soigneusement du monde, jusqu'à l'approche de la vérité première, de la volonté initiale, du centre du rayonnement et de la chaleur, jusqu'à la pensée concrète, semblable à l'action, de l'existence totale.»

Ici, Martin hésita un peu, pour la première fois, et, la voix légèrement plus basse, pour le magnétophone[2] seulement, il laissa échapper ces mots:

«Et, arrivé à ce point, oui, est-il important que Dieu n'existe pas? Je vous le demande, est-ce important, en vérité, est-ce important?»

Le jour suivant, à cause de la chaleur et du bruit de musique de tous les transistors, Martin était descendu dans la cour de l'immeuble.[3] Il était environ trois heures et demie de l'après-midi. Il n'y avait personne. Dans la boîte carrée, au neuvième étage, son père et sa mère grouillaient[4] comme des insectes. Le ciel était d'un bleu déchirant, et le soleil nageait sur place, faisait un trou blanc au-dessus de la terre, semblant reculer et s'enfouir au fond de l'espace,[5] indéfiniment. Martin marchait dans la cour, longeant les portes des garages. Au centre de la cour, il y avait un terre-plein de sable,[6] pour les enfants. Martin se mit à faire

[1] are mere paltry circumstances of human life.
[2] tape-recorder.
[3] block of flats.
[4] were scurrying about.
[5] to recede and bury itself in the depths of space.
[6] sand-pit.

des cercles autour du terre-plein, des cercles de plus en plus étroits. A la fin, il se trouva obligé de monter sur la bordure de ciment, puis de marcher à l'intérieur du rond-point, dans le sable. Il rétrécit encore ses cercles, pataugeant dans les gravillons, s'enfonçant à chaque pas jusqu'aux chevilles. Quand il arriva au centre, il resta debout un moment, immobile. Puis il leva la tête vers le ciel et regarda les murailles habitées qui l'entouraient. Il n'y avait personne aux fenêtres. Les trous béants étaient vides, noirâtres, innombrables. Parfois, pendus à des ficelles, des bouts de gaine, de chemise, ou de soutien-gorge[7] s'agitaient dans le vent. La musique était presque imperceptible à cet endroit de la cour. C'était même une espèce de silence qui régnait là, qui pesait; quelque chose de comparable au bruissement de mort des eaux profondes, au vrombissement sourd de plusieurs atmosphères[8] en train de crever des tympans.

Puis le ciel parut descendre sur son front, l'écrasant à la manière d'un gigantesque marteau. Tout se renversa, d'un seul coup, et il se retrouva pierre qui tombe, ahuri, devenu vitesse pure. Il flottait dans l'espace, prisonnier de la gravitation, et quelque chose de large et de plat montait à sa rencontre, menaçant, se faisant immense, couvert de villes et d'arbres, sillonné de routes et de voies ferrées, avec de drôles d'ombres qui avançaient de travers, et cela s'approchait à chaque seconde davantage, le plaçant, lui, sur une ligne droite, indéfiniment raide, parfaitement verticale, où régnait un vent déchirant qui coupait le souffle. Il tombait vers le ciel, comme vers une sorte de terre. Quand le choc eut lieu, Martin roula sur lui-même dans le tas de sable et y resta écrasé, allongé sur le ventre.

Une demi-heure passa ainsi sans qu'il puisse faire un mouvement. Puis, la chaleur du soleil, les rumeurs des voitures qui roulaient à tombeau ouvert de chaque côté de l'immeuble, la poussière de sable faiblement soulevée par la brise, tout cela agit peu à peu sur lui et le rappela à la vie. Martin se mit à ramper sur le tas de gravier. Il avançait imperceptiblement, glissant sur le ventre, la face enfouie dans la masse mouvante et sale. Ses mains plongeaient dans le sable, fouillaient, nageaient, trituraient,[9] et tiraient tant bien que mal le reste du corps, comme des pattes de tortue. Parfois, en tâtonnant, elles rencontraient des objets

[7] brassière.
[8] dull throbbing at several times atmospheric pressure.
[9] (were) burrowing, swimming, grinding.

insolites abandonnés là depuis des semaines: peaux d'orange, vieux bonbons à demi sucés, bouts de peigne, espèce de râteaux tordus et de seaux troués, boîtes d'allumettes remplies de sable, papiers gras, bâtons de sucettes ou d'eskimos,[10] et même une espadrille de bébé que l'usure des grains de pierre avait complètement rongée.

En avançant comme ça dans le sable, Martin respirait fort, ahanait[11] à petits cris, «a-ha», «a-ha». Tout avait pénétré ses vêtements, empli son cuir chevelu[12] et ses narines, et l'avait transformé en un bizarre animal rampant, une sorte de ver de vase[13] ou d'escargot, une taupe, qui devait peiner pour s'échapper, décollant[14] millimètre par millimètre son corps chétif des matières visqueuses. Le sable avait recouvert les verres de ses lunettes d'une sorte de buée grisâtre, et il devait se diriger à peu près au hasard. Seules ses mains savaient vraiment où elles allaient; elles palpaient le sol de tous côtés, les doigts parfois dressés comme des antennes; elles étaient mouvement, et une joie forcenée naissait en tremblant au centre des paumes, du simple contact avec les couches vivantes des gravillons, une joie électrique et friable qui se diffusait à travers les poignets, les coudes, les épaules, et emplissait tout le corps. Ces mains étaient devenues des êtres indépendants, des bêtes agiles à cinq pattes, qui traînaient derrière elles le poids de tout un paquet de chair inerte.

Quand il toucha le rebord de la plate-bande, Martin se redressa. Il se mit d'abord à genoux, le dos rond, la tête baissée vers le sol. Puis il s'assit dans le sable, s'appuya en arrière sur ses deux mains et resta immobile, les yeux vagues.

En relevant la tête vers le haut de l'immeuble, il aperçut, penchés au balcon, tout petits, à peine grands comme des mouches, son père et sa mère qui le regardaient. Sa mère agita la main, et il devina les mots qui se formaient sur ces lèvres, les mots qui tombaient sur lui, précis et insensibles, comme le trop-plein d'un pot de géranium.

«Je te dis qu'il joue! Regarde Martin, je te dis qu'il joue! Il est là, dans le tas de sable, et il s'amuse. Il s'amuse comme un enfant. Notre fils est en train de jouer dans le sable!»

[10] lollipop and ice-lolly sticks.
[11] laboured.
[12] scalp.
[13] slime.
[14] disengaging.

Dans la cour, l'ombre violette avançait doucement dans la direction opposée au soleil.

Martin oublia les silhouettes de fil de fer,[15] penchées là-haut sur le balcon, et il contempla la marche de l'ombre. Elle rampait avec lenteur sur la surface de la cour, semblable à une espèce de nuage délicat. Peu à peu, avec des suites morcelées de bonds minuscules,[16] elle occupait tout l'espace, s'infiltrait dans les rainures,[17] montait le long des obstacles, puis redescendait d'un seul coup, sans qu'on sache vraiment comment; elle se coulait magiquement au fond des trous, entrait dans les soupiraux et dans les égouts[18] à la façon d'un serpent, dépassait les lignes dessinées sur le sol, faisait tout fondre autour d'elle. Les cailloux, les graviers, les durs morceaux de silex[19] se mélangeaient entre eux, devenaient perméables. C'était comme de l'eau, comme le flux bleuâtre d'une drôle de marée montante, qui rompait les limites, qui cassait brusquement, d'un coup de millimètre gris fer, les cernes des objets. Le soleil et la lumière avaient fait cette cour blanche, immaculée, pleine de choses et d'êtres étincelants dans leur indépendance: et voilà que maintenant l'ombre passait sur eux, les défaisait un par un, sans en épargner aucun. Des cercles cassés, la substance coulait et se répandait sur le sol, emplissant le bassin de la cour de l'immeuble d'un étrange liquide glauque[20] où nageaient des détritus.[21]

Sur son socle[22] de sable, Martin était transformé en naufragé, en habitant d'une île déserte. Il était en quelque sorte réfugié là, encore préservé de la liquéfaction par un rayon de soleil qui descendait jusqu'à lui en pente douce, passant par l'ouverture ouest de l'immeuble. Mais l'ombre avançait toujours, et le soleil lui-même déclinait. Bientôt il serait rendu au terme de sa chute; il tomberait encore quelques minutes le long du couloir vertical, entre les deux pâtés de maisons. Des oiseaux voleraient — de sa face électrique, de gros oiseaux noirs qui se balanceraient dans l'air de gauche à droite, de droite à gauche.

[15] wire (the distance makes Martin's parents look like 'matchstick' figures).
[16] advancing in successive irregular series of tiny jumps.
[17] grooves, furrows.
[18] air-vents and drains.
[19] flint.
[20] sea-green.
[21] refuse, rubbish.
[22] pedestal.

D

Puis, sans à-coups,[23] tout à fait naturellement en vérité, le ciel deviendrait vide de lui. Il ne resterait plus que la terre couverte de pierre et de métal, la terre encore vibrante de chaleur, plate comme un long miroir, et la mer couleur de mercure, et la lumière continuerait à bouger au milieu des particules, à essaimer dans l'atmosphère invisible, avec d'insaisissables volutes d'éclairs blafards[24] s'évanouissant mollement au fond des cachettes, comme des impressions rétiniennes.[25] Quand tout serait fini, on se sentirait bien seul sur terre, on n'aurait plus rien d'autre à faire qu'à se cacher, peut-être même en tremblant, la face contre le sol, et à respirer tout bas, la bouche enfouie dans un trou, entre deux racines, les dernières bouffées de la vie, les derniers souffles de la délicieuse chaleur.

L'ombre de la maison avançait toujours vers Martin. Lui, les yeux écarquillés[26] derrière les verres de ses lunettes, regardait toujours l'ombre avancer. Plus le soleil était bas dans le couloir vertical, plus l'ombre marchait vite. Chaque bond qu'elle faisait, maintenant, était pratiquement consommé avant d'avoir été vu. C'était par dizaines de centimètres, par mètres entiers que la décomposition liquide gagnait du terrain. Et, fait remarquable, chacune de ces avancées, si rapide qu'elle fût, effaçait totalement celle qui l'avait précédée. Tout se passait comme si ce changement de la lumière en l'ombre n'était pas un passage, mais une sorte de métamorphose absolue et incompréhensible. Là, le ciment du sol était blanc. Ici, il était noir. Comme un jeu. Tout à fait comme un jeu, un échiquier gigantesque où les cases se seraient retournées d'elles-mêmes,[27] une à une, mécaniquement, n'offrant plus rien que leur envers noirâtre et uniforme.

Mais là où régnait la nuit, le néant, quelle était la richesse, la puissance des senteurs et des structures, quel était le grouillement des choses barbouillées,[28] quelle était la vague des visions enchevêtrées,[29] des splendeurs! On était bercé, emporté, embarqué dans un bateau invisible, et des courants durcis vous tenaient serré, vous servaient de membres.

[23] smoothly.
[24] pallid.
[25] like images produced on the retina of the eye.
[26] opened wide.
[27] an immense chess-board whose squares had turned over of their own accord.
[28] blurred.
[29] confused.

C'était ainsi. On était plongé soudain dans un spectacle merveilleux, on entrait dans un tableau profond, éblouissant, nocturne, comme tête la première dans un bocal,[30] et on découvrait les tanières, les secrets de la vie dégradée en action, un vrai bouillon de culture,[31] une zone de fermentation où les éléments évaporés, indistincts, montaient lentement, sous forme de lourdes banderoles de nuages, et se croisaient entre eux incessamment. C'était dans le genre d'une nuit, non pas paisible, non pas silencieuse, mais où tout était marqué au fond de l'âme par le signe de la férocité; une colère de fauve,[32] surgie du passé sans doute, et qui remontait lentement, dangereusement le cours du temps. C'était le domaine de l'absence totale, une espèce de coucher de soleil sans soleil et sans horizon, et le calme et la destruction se perpétraient mécaniquement, commençant leurs actions au fond du cerveau de Martin, puis gagnant, gagnant, se répandant au travers de sa peau et de ses organes, gagnant encore, coulant sur le sol comme un sang humain, mais un sang envahi par quelque venin de vipère des sables, un sang glacé, saburral,[33] paralysant.

Martin était à l'ombre, maintenant. Comme retourné à l'intérieur de lui-même, la tête rentrée dans son cou et regardant vers le fond de son corps, vers l'obscurité étrange qui roulait dans ses entrailles. C'était cela, son désir secret, depuis tant d'années; c'était vivre dans son propre corps, ne vivre que de soi, que dans soi, se faire caverne et y habiter. Assis sur son socle de sable, les bras tendus en arrière et enfoncés comme des pieux[34] jusqu'au-dessus des poignets, il avait été lentement recouvert d'une sorte de fine poussière grise, mince pellicule sablonneuse que le vent faible avait fait pleuvoir sur lui. L'ombre, en passant, l'avait encore terni davantage. Plus rien ne brillait; tout était gris, ses vêtements, ses cheveux, sa peau, ses yeux, ses lunettes, les boutons de sa chemise, et jusqu'à la chaîne d'or qu'il portait autour du cou. Et pourtant, il voyait. Il pensait encore à quelque chose, il imaginait de longs chemins très raides tracés à même la surface plane[35] de la cour de ciment.

---

[30] glass jar.

[31] meat-broth (in which bacteria are grown in the laboratory).

[32] wild beast.

[33] mucous (from Latin 'saburra', a substance formerly believed to be produced in the stomach as a result of indigestion).

[34] stakes.

[35] on the flat surface itself.

C'était comme si la conscience de la déliquescence totale de cet univers réduit, la mort, n'avait pu se faire que grâce à la présence, derrière lui, autour de lui, par-delà les remparts de l'immeuble, d'une explosion extraordinaire de vie et de lumière. Pas le souvenir du soleil et de la chaleur, mais un genre de combat ultime et désespéré qui se livrait encore sur la terre. Les limites se refaisaient infatigablement, des murs se reconstruisaient au fur et à mesure qu'ils étaient détruits,[36] des lignes se retraçaient, puis s'effaçaient, puis reparaissaient. Le monde écorché[37] renouvelait ses écailles, et l'ombre, en passant sur les aspérités, sur les dards, sur les signes gravés dans le dur, lavait, lavait sans arrêt, inondait de son doux mouvement de flux et de reflux,[38] comme une main invisible, ou plutôt non, comme une impérissable érosion qui balançait la surface entière du sol, qui la faisait plage longue et molle,[39] étendue à peine luisante de plateaux de vase où se réverbérait l'infini du ciel...

Quand le ciel fut tout à fait sombre et couvert de nuages, la pluie commença à tomber sur Martin, mais il n'y prit pas garde.[40] Il resta à genoux dans le terre-plein, les bras pendant le long de son corps, l'extrémité des doigts touchant le sable. La pluie tombait à larges gouttes, sur son crâne, sur ses épaules, sur ses jambes. Chaque goutte éclatait sur sa peau avec violence, projetant autour d'elle une fine buée fraîche. Martin ne bougeait pas; ses yeux étaient fixés au loin, à présent, sur la ligne plate du mur et sur les rideaux des garages. A droite des garages, à côté du réduit à ordures,[41] il y avait une ouverture dans l'immeuble, par où entraient les grondements de la circulation et les coups de klaxon.

C'est de là qu'il vit la silhouette massive de cette femme en imperméable[42] et parapluie, qui marcha vers lui. C'était sa mère. Elle s'approcha du terre-plein et s'arrêta à un mètre environ. Martin vit qu'elle portait un vêtement sous son bras. Il regarda sa mère bien en face, à travers les verres de ses lunettes où l'eau commençait à couler. Elle le regarda

[36] as fast as they were destroyed.
[37] flayed.
[38] ebb and flow.
[39] which turned it into a long, soft beach.
[40] did not heed it.
[41] space for dustbins, etc.
[42] raincoat.

aussi un moment, avec une sorte de timidité ou de tristesse. Puis elle fit quelques pas en avant.

«Martin?» dit-elle.

Martin continua à la regarder. Elle répéta:

«Martin?»

Elle tendit le vêtement; c'était un imperméable.

«Martin, je t'ai apporté ça. Il pleut.»

«Oui,» dit Martin; «merci.» Il posa l'imperméable à côté de lui, sur le sable.

Elle s'approcha encore. Martin vit son visage fatigué, presque bouffi.[43] Ses cheveux grisonnants, son corps aux hanches lourdes. L'imperméable gris-bleu qu'elle portait, et le parapluie, un grand parapluie noir qui oscillait lentement au-dessus de sa tête, et sur lequel les gouttes d'eau crépitaient[44] très vite. Il vit qu'il y avait dans toute cette silhouette je ne sais quoi d'enfantin,[45] de tragique, des rides autour de la bouche, des yeux troubles, un nez rougi, des laideurs et des vieillesses sans nombre, qu'on ne pouvait regarder sans curiosité.

Elle s'approcha davantage, jusqu'à la marche de pierre qui délimitait le terre-plein.

«Martin,» dit-elle en hésitant. «Martin — Tu ne devrais pas rester — Il pleut fort, tu sais. Tu vas attraper mal.[46] Mets l'imperméable que je t'ai apporté.»

Martin ne répondit pas. Il prit le vêtement et l'enfila[47] rapidement, sans le boutonner. Puis il s'assit sur le rebord du terre-plein et prit du sable dans ses mains, machinalement.

«Qu'as-tu fait tout ce temps?» demanda-t-elle. «Il y a plus de deux heures que tu es assis sur ce tas de sable. Tu devrais rentrer, maintenant.»

Elle hésita, puis changea le parapluie de main.

«Viens,» dit-elle; «ton dîner est prêt depuis un bon moment. Tu ne veux pas manger?»

Martin secoua la tête:

«Non, pas encore.»

«Il fait nuit, maintenant. Tu devrais venir.»

[43] puffy.
[44] pattered.
[45] something childish.
[46] You'll catch a chill.
[47] slipped it on.

«Je ne peux pas venir tout de suite», dit Martin.

«Pourquoi? Il pleut, tu vas attraper froid.»

«Non, je n'ai pas froid. Il faut que je — que je reste encore un peu ici.»

«Tu n'as pas faim?»

«Non», dit Martin; «il faut que je — j'ai encore à réfléchir à des choses. Et je suis bien, ici. Je n'ai pas froid, je peux rester.»

«Tu ne veux pas rentrer? Tu pourrais travailler, là-haut.»

«Non, je ne pourrais pas. Il faut que je reste ici.»

«Ce n'est pas raisonnable,» dit la mère. «Je t'assure, tu ferais mieux de rentrer. Il va pleuvoir très fort, tout à l'heure. Et il est tard. Tu sais quelle heure il est?»

«Ça m'est égal,» dit Martin. «Il faut que je reste.»

«Tu vas être trempé.»

Martin regarda le sable au fond de sa main; il était déjà très mouillé, noirâtre, et les grains s'étaient coagulés en une sorte de boue.

«Qu'est-ce que tu as fait pendant tout ce temps?» demanda la mère.

«Oh — rien», dit Martin.

«Tu es resté très longtemps, vraiment très longtemps», dit sa mère d'un air rêveur. «Je me demandais ce que tu pouvais bien faire, je veux dire, à quoi tu pensais, et tout... Et tout à l'heure, je t'ai vu par la fenêtre. Est-ce que tu m'as vue, toi?»

Martin ne répondit pas.

«Oui, je t'ai vu, tout à l'heure. Je t'ai même fait signe. Tu avais l'air de — Tu avais l'air de t'amuser?»

«Oui, je m'amusais», dit Martin.

«C'est vrai? Et tu ne pensais à rien?»

«Non, à rien.»

Elle écarta une mèche de cheveux grisâtres qui s'était collée sur son front.

«Je voudrais tant —», commença-t-elle. Puis elle s'arrêta. Elle hésita encore quelques secondes, et quand elle recommença à parler, ce fut avec d'autres mots:

«Tu — tu n'es pas fatigué?»

«Non.»

«Tu es sûr que tu n'as pas froid?»

«Non.»

«Eh bien, je —»

Elle ne dit plus rien pendant une minute. Ils restèrent là tous deux, immobiles, en silence, avec seulement ce bruit de crépitement des gouttes d'eau sur le parapluie. La pluie tombait aussi sur le sable, derrière Martin, mais avec un bruit feutré.[48] Des odeurs bizarres se dégageaient de la terre au fur et à mesure que l'eau y pénétrait, des odeurs de racines, de phosphate, de vieille feuille pourrie.[49]

«Ça sent le papier mouillé», dit Martin.

La mère se dandina sur ses jambes.[50] Elle regarda vers le haut de l'immeuble; les fenêtres étaient toutes allumées, et, par moments, des ombres chinoises[51] passaient devant les encadrements. On entendait des cris humains, aussi, des bruits de vaisselle et de cuisine. Les repas se terminaient, là-haut dans les tanières étouffantes.[52]

«Tu ne veux pas rentrer, maintenant?» dit-elle.

Martin secoua la tête.

«Fais-moi plaisir, viens.»[53]

«Non. Je t'ai dit, il faut que je reste encore un peu. Il le faut. J'ai pensé à beaucoup de choses, cet après-midi... »

«Tu nous diras ça tout à l'heure — »

«Oui, peut-être — je vous dirai — si ça en vaut la peine.»

«Pourquoi, si ça en vaut la peine? Ce n'est —»

«Non, et d'ailleurs, ce n'est pas encore tout à fait terminé. C'est pour ça. Il faut que je reste encore cinq ou dix minutes ici. Jusqu'à ce que ce soit fini. Je n'en ai plus pour longtemps.[54] Je vais rentrer tout de suite.»

La mère hésita encore une fois. Elle marqua un pas sur place, devant Martin. Elle avait de grosses chaussures de cuir, à talons plats et semelles de crêpe, qui collaient au ciment mouillé avec de drôles de bruits de succion. Puis elle racla sa gorge[55] et dit:

«Bon, eh bien, alors je te laisse, puisque — puisque tu veux rester encore un peu. Mais ne reste pas trop longtemps quand même.»

Martin dit:

[48] muffled.
[49] rotted.
[50] shifted from one foot to the other.
[51] shadowy figures.
[52] stifling dens.
[53] Come along, just to please me.
[54] It won't take me long.
[55] she cleared her throat.

«Oh non, juste — juste cinq ou dix minutes, pas plus.»

Elle se retourna et fit mine de s'en aller;[56] puis elle revint sur ses pas et tendit le parapluie à Martin:

«Tiens, garde le parapluie. Comme ça tu ne te mouilleras pas trop.»

«Merci», dit Martin. Et il s'abrita sous le parapluie.

Au loin, bien au-delà des limites de la ville, un roulement de tonnerre se fit entendre. La mère redressa la tête:

«Tu vois», dit-elle, «c'est en train de venir.»

Quand elle vit que Martin n'écoutait pas, elle s'éloigna pour de bon. Elle cria une dernière fois:

«Je t'attends! — Dans cinq minutes! Hein!»

Et puis elle disparut à l'intérieur de l'immeuble. Martin resta seul dans la cour, assis sous le parapluie sonore.

La Fièvre © Editions Gallimard 1965

[56] made as if to go.

ARAGON

La Mise à mort

Presented by Roland Husson

LOUIS ARAGON was born in Paris in 1897. His parents were the proprietors of a small boarding house at Neuilly-sur-Seine. The young Aragon was sent to a Catholic school where he discovered the works of Maurice Barrès and even the Russian writer Maxim Gorki. At the beginning of the war, he commenced his medical studies. In 1917 he was a *médecin-auxiliaire* at the Val de Grâce, where he met André Breton. Later on, he was sent to Alsace and Germany. One of the founders of the surrealist movement, he travelled extensively in Europe and led a very chaotic emotional life.

In 1928, in a café in Montparnasse, he met Mayakovski and, the following day, Elsa Triolet. With her he went to Russia, where he attended the First International Congress of Writers.

A communist since 1927, Aragon took part in the anti-Fascist and anti-Nazi struggle, first in Spain and later on in France after the defeat of 1940. During that period, with Paul Eluard, he wrote the most beautiful poems of the Resistance, linking his love for Elsa with his love for France.

After the war Aragon became the director of the weekly literary paper *Les Lettres françaises*, took part in the Vienna Peace Congress of 1952 and was nominated a member of the Central Committee of the Communist Party. He was awarded the Lenin Prize in 1957.

Aragon has been named the Victor Hugo of the twentieth century. He has written many books—more than eighty volumes—which include poetry, novels, literary criticism, history and translations. It is therefore almost impossible to give an idea of his work in a short space.

He was first a surrealist poet (*Feu de joie* (1920), *Le Mouvement perpétuel* (1925), *Le Paysan de Paris* (1926)).

He was then a realist novelist depicting French society since the beginning of the twentieth century (*Les Cloches de Bâle* (1934), *Les Beaux quartiers* (1936), *Les Voyageurs de l'impériale* (1942)).

During the German occupation, he was the voice of Free France: *Le Crève-Cœur* (1941), *Le Musée Grévin* (1943), *La Diane française* (1945). At the same time, he became one of the great love poets with many works dedicated to and inspired by Elsa Triolet (*Les Yeux d'Elsa* (1942), *Elsa* (1959), *Le Fou d'Elsa* (1963)).

Finally, he is a writer deeply concerned with history and criticism, not only on a daily basis as a journalist, but as a novelist (*La Semaine sainte* (1958)), and as a poet (*Chroniques du BelCanto* (1947)). Since 1953 (death of Stalin), without losing his faith in Marxism, he has been fighting for a more liberal conception of literature in socialist countries and he wrote an important preface for Garaudy's essay *D'un réalisme sans rivages*. At the same time he has been responsible for the introduction of Soviet literature in France.

BOOKS ON ARAGON
  Claude Roy, *Aragon*, P. Seghers, 1945.
  Hubert Juin, *Aragon*, Gallimard, 1960.
  Roger Garaudy, *L'Itinéraire d'Aragon*, Gallimard, 1961.
  Nº spécial de la revue *Europe*, Elsa Triolet et Louis Aragon (février-mars 1967).

LA MISE À MORT was published at the beginning of 1965. On the whole, it was very well received by the critics, who praised the extraordinary qualities of his style and the use of the technique of the New Novel in a more complex context than usual. The point is not to give a portrait of reality, but to re-create the movement of the conscience confronted with reality.

The novel develops on three levels. We are presented with three couples—Alfred–Ingeborg, Anthoine–Fougère, Aragon–Elsa—who are in fact three faces of the same couple, three masks for the same persons. *La Mise à mort* is an interrogation of a famous writer on his life and on his career.

Alfred is jealous of one of his characters, Anthoine Célèbre. He thinks that his wife prefers the character he created to his true personality. At the end of the book Alfred will kill Anthoine, breaking the mirror in which he could see his own image. But there is very little point in trying to find a logical plot to the novel:

'Quel est le sujet de mon livre, à vrai dire … l'homme qui a perdu son image, la vie d'Anthoine Célèbre et d'Ingeborg d'Usher, le chant, le réalisme ou la jalousie? Rien de tout cela, et tout cela, bien sûr' (p. 22).

It is a more general meditation on life in which Aragon recalls some events he witnessed: the burial of Gorki in 1936, the Spanish Civil War, the defeat of 1940, the Congress of Vienna in 1952. It is also an effort to give a definition of 'cette perpétuelle insomnie d'aimer':

'J'appelle amour cette jalousie de toute chose, cette humiliation de l'homme à deviner sans cesse dans la femme par quoi elle lui échappe, et attentive qu'elle soit de le lui taire, quoi que ce soit qu'elle lui préfère, dans cette préférence le trahit' (p. 64).

The style of Aragon is hard to define and even harder to translate. It presupposes a perfect knowledge of French syntax and the art of contracting two constructions into one—an art of density. It is a poetic style with a profusion of images taken from daily life and having a symbolic value. There is a constant play on words from the most literary and archaic to the most colloquial.

The passage which is presented below is taken from one of the three short stories inserted in the novel. It takes place in Denmark, in 1772. There, a noble German, Johann-Friedrich Struensee, became the lover of the Queen of Denmark. They used to meet at the end of a corridor leading to the private chapel of the Queen. One day, they were discovered. Johann-Friedrich was sentenced to death, and his mistress was incarcerated for life. Their separation foreshadows the one Aragon and Elsa will have to face when death comes. So the story is not told for itself, it is the starting-point of Aragon's meditation 'entre la veille et le rêve'.

From
La Mise à mort

J'ai rêvé d'un pays. C'était dans une autre vie. J'ai rêvé d'un pays où il avait fait grand vent. C'était dans un autre monde. J'ai rêvé d'un pays où le malheur était devenu si fort, si grand, si noir que c'était comme un arbre immense entre le soleil et les gens. Alors un jour

pareil à la plus profonde des nuits les bûcherons[1] se révoltèrent, et il
n'y avait pas de scie assez grande ni de bras assez puissants pour trancher
au pied l'arbre maudit.[2] Mais les bûcherons s'y mirent tous ensemble, et
c'était à la fin d'une guerre, et les champs étaient obscurs de vautours,
et l'air empuanti d'hommes et de chevaux morts.[3] J'ai rêvé d'un pays
où les enfants et les femmes aidèrent les bûcherons à abattre le malheur.[4]

J'y ai rêvé une fois, j'y ai rêvé une seconde et toutes les nuits de ma
jeunesse, et toutes les nuits de mon corps mûr, je n'ai plus eu jamais
autre songe, autre musique, autre tête tournée. J'entrais dans ce pays
à l'heure où l'œil se ferme, et les gens étaient las[5] du travail d'un long
jour. J'y ai rêvé une fois, j'y ai rêvé une seconde... et je n'ai plus
compté combien de fois, combien de fois à l'heure où l'œil se ferme, où
le cœur chante... et d'abord c'était la fête dans les ruines, le désordre des
choses renversées,[6] tout le pays couvert de branches brisées, de feuilles
éparses, les éclats du tronc,[7] la résine et l'écrasement sous le fût tombé
de tant de longues patiences,[8] et tout le peuple devait à la fois faire
bûcher[9] du bois mort, souffler la sciure,[10] à la lumière habituer ses yeux
de la forêt et se défendre contre les bêtes sorties de leur bauge,[11] la
peste et l'incendie, les pillards[12] accourus sur des bateaux étrangers, la
famine...

J'ai rêvé d'un pays où dans leurs bras rompus[13] les hommes avaient
repris la vie comme une biche[14] blessée, où l'hiver défaisait le printemps,
mais ceux qui n'avaient qu'un manteau le déchiraient pour envelopper
la tendresse des pousses,[15] j'ai rêvé d'un pays qui avait mis au monde un

[1] woodcutters.
[2] to cut the accursed tree to the ground.
[3] the air was rotten with the smell of dead men and horses.
[4] to eradicate the evil.
[5] weary.
[6] things overturned in disorder.
[7] chips from the trunk.
[8] so much patience crushed beneath the fallen trunk.
[9] to pile up.
[10] sawdust.
[11] lair.
[12] plunderers.
[13] tired out.
[14] doe.
[15] young shoots.

enfant infirme appelé l'avenir... J'ai rêvé d'un pays où toute chose de souffrance avait droit à la cicatrice[16] et l'ancienne loi semblait récit des monstres fabuleux, un pays qui riait comme le soleil à travers la pluie, et se refaisaient avec des bouts de bois le bonheur d'une chaise, avec des mots merveilleux la dignité de vivre, un pays de fond en comble à se récrire au bien.[17]

Et comme il était riche d'être pauvre, et comme il trouvait pauvres les gens d'ailleurs couverts d'argent et d'or! C'était le temps où je parcourais cette apocalypse à l'envers,[18] fermant l'œil pour me trouver dans la féerie aux mains nues, et tout manquait à l'existence, oh qui dira le prix d'un clou? mais c'étaient les chantiers[19] de ce qui va venir, et qu'au rabot[20] les copeaux[21] étaient blonds, et douce aux pieds la boue, et plus forte que le vent la chanson d'homme à la lèvre gercée![22]

J'ai rêvé d'un pays tout le long de ma vie, un pays qui ressemble à la douceur d'aimer, à l'amère douceur d'aimer.

Murmure, un temps viendra que nous ne serons plus ensemble. C'est pourquoi nous brûlons ce peu qui nous est donné, nous ne sommes point de nous économes, nous nous hâtons d'être, nous nous hâtons d'entrelacer ce qui sera disjoint. Un temps viendra qu'on nous emportera l'un de l'autre, un temps qu'on nous déchirera des membres et du baiser.[23] Quand je m'éloigne de toi dans le palais ou la campagne, quand je tourne le coin de la rue, où le cheval m'emporte, où me retiennent des importuns,[24] me rappellent en arrière des devoirs inventés, m'écartèlent[25] les gens, me dispersent les heures, je ne fais que penser[26] que peut-être ainsi commence l'arrachement.[27] Si c'était cet instant que l'étoffe se met à crier, le fil part, et nous sommes départis à

[16] scar.

[17] a country setting out to rebuild itself correctly from top to bottom.

[18] in reverse.

[19] work-yards.

[20] plane.

[21] shavings.

[22] cracked.

[23] we will be torn apart in our limbs and kisses.

[24] where unwanted people detain me.

[25] quarter me.

[26] I cannot help thinking.

[27] brutal separation.

jamais. Murmure, un temps viendra que nous ne dormirons plus ensemble.

Plus d'une fois, saisi de[28] cette idée alors que je m'éloignais d'Hillerod l'autre été, au lieu de prendre la route de la capitale où le Roi m'appelait, j'ai poussé mon cheval sur le chemin de Roskilde, j'ai piqué[29] son ventre et cravaché[30] ses flancs, courant de toute ma folie au sud-ouest vers le fond de ce fjord profond où s'élève la nécropole des Rois. Et quand j'en voyais au loin monter au-dessus des toits bleus de cuivre les flèches[31] aux tours carrées de briques brunies, soudain je ralentissais ma bête, et le manteau me retombait sur le visage avec le vent.

Murmure, c'est ici ta place pour dormir. Ici, parmi les Rois, un jour ou l'autre, à côté du Fou[32] ton mari, là peut-être où déjà son père fut allongé, près de la Reine Louise qui l'y précéda, et de sa seconde femme, cette garce[33] de Marie-Julie, que les chiens la dévorent! là sera ta place, et celle plus tard de ce fils que tu as de Christian. La chapelle n'est point encore achevée et l'on croit lorsque j'entre, ayant attaché mon cheval au porche d'Oluf Mortensen, que je viens inspecter l'état des travaux, on s'excuse, il faut que tout soit prêt, si le malheur… ah, si je savais rire!

Murmure, si le malheur… et moi donc où m'aura-t-on enfoui?[34] Dans quel trou, sous quel mur, dans quel désert de toi? Il n'y aura point d'escalier dérobé,[35] de couloir secret entre nos tombes. Mes os mêlés,[36] jonchets,[37] à ceux des criminels et des vagabonds leur feraient hausser l'omoplate[38] s'ils disaient comme flûte encore nos amours,[39] et le geste blanc d'étreindre[40] ton ombre royale… Et si dans quelque cimetière

[28] startled by.
[29] I spurred.
[30] flogged.
[31] the spires.
[32] Court fool.
[33] trollop, hussy.
[34] buried.
[35] concealed.
[36] jumbled.
[37] spillikins.
[38] to shrug their shoulder-blade. [Normally, one would have *hausser l'épaule* or *les épaules*, but here Aragon is imagining the reaction of dead people.]
[39] . . . if they could—like a flute—still tell of our love.
[40] to embrace.

d'Helsingor vient creuser le clown et chante, comme on te l'apprit chez ton frère George:

> In youth, when I did love, did love,
> Methought, it was very sweet
> To contract, O, the time, for, ah, my behove,
> O, methought, there was nothing meet...[41]

Ce n'est pas moi qui demanderais si ce copain-là[42] ne se rend pas compte de ce que c'est que son boulot,[43] de chanter à faire les tombes... car vient le temps des fossoyeurs[44] et ce sera seule caresse, si leur pelle heurte[45] ma rotule[46] et leur pied fait rouler ce crâne, de me rappeler ma jeunesse et quand j'aimais, quand je t'aimais, comme à mon sens il était doux d'abréger, oh, le temps, pour, ah, ma convenance, à mon sens, oh, jamais assez...[47]

Murmure, si le malheur... mais au moins malheur se partage, et peut-être n'iras-tu pas dormir à côté de ce Roi dément...[48] Murmure, si l'on me tue, et le poignet si l'on me tranche, comme au traître avant de couper sa tête avec ses cheveux blonds, car on ne poudre pas les condamnés à mort, avec les cheveux blonds qui me tombaient sur ton visage, ô voyages de l'oreiller, les cheveux nus, tels qu'en moi-même enfin cet échafaud me change...[49] Murmure, que vont-ils faire de toi, que je ne pourrai plus défendre? Écoute moi, cela me monte, et me consume le dedans, écoute-moi, ma douce fille, et maudis-moi de le penser: dans la fosse[50] de l'infamie, il me reste un âpre[51] bonheur, une

---

[41] *Hamlet*, V, I.

[42] chum, pal. A slight political connotation in this context: communists call each other 'camarade' or in a more familiar way 'copain'.

[43] job (slang).

[44] grave-diggers.

[45] knocks against.

[46] knee-cap.

[47] This sentence is broken several times by interjections to suggest the impatience and the emotion of the lover.

[48] mad.

[49] A pun on the famous line of Mallarmé: *Tel qu'en lui-même enfin l'éternité le change*. It is an allusion to the way death fixes a man's personality forever.

[50] grave.

[51] harsh.

science d'outre-mort, tu n'iras pas, tu n'iras pas, jamais, Murmure, jamais dormir, jamais t'étendre, ô tendre amie, entre les Rois! Quand tout sera tombé dans le scandale et qu'on aura montré mon cou sanglant sur la grand'place, rien ne pourra plus faire en l'ordre du Roi retourner la Reine déshonorée... ô raillerie,[52] et la couronne vengée à jamais de la couronne te sépare, à jamais t'arrache à cette dynastie qui ne va pourtant se poursuivre que de ton ventre, ton ventre où j'ai mis ma joue et mes mains... tu n'iras pas, mon cœur, tu n'iras pas, Murmure, entre les Rois dormir... et c'en sera fini pour nous deux du mensonge. La hache du bourreau, et le cachot[53] qui sait, où justice te garde, ce n'est pas sur nous deux pour le long avenir qu'ils vont faire ténèbres: la romance de nous condamne un monde ancien, et dans mon sang versé[54] où les siècles vont lire il n'y aura victoire à la fin que de nous. Danemark! dans ton vol étranger en vain tu nous sépares, qui sommes les dés jetés d'un qui perd-gagne au ciel futur: aux Rois sont les tombeaux, aux amants sont les rêves...

Murmure, ma Mumure, à Roskilde jamais, sous les pierres taillées,[55] hommes, femmes d'albâtre,[56] on ne t'emmènera sans moi, chez les bourreaux, paisiblement dormir... ils rapprocheront les tombeaux à Roskilde dans la niche des Rois que l'on ne puisse voir où fait défaut Caroline-Mathilde...[57] ils rapprocheront les tombeaux que l'on ne puisse voir la terre et ton absence et, toi, où seras-tu rêvant de ce lit qu'on porta sur le chemin de la chapelle, dans la chambre sur le couloir obscur, où seras-tu, loin d'Helsingor où les oiseaux tournent sur l'île, sourde à leurs cris et qui, pour nous, quel fossoyeur, chantera donc l'étrange fin de la chanson:

> *But age with his stealing steps*
> *Hath claw'd me in his clutch,*
> *And hath shipped me into the land*
> *As if I have never been such...*[58]

---

[52] mockery.
[53] dungeon.
[54] spilled.
[55] hewn stones.
[56] alabaster.
[57] so no one can see that Caroline-Mathilde [the queen] is missing . . .
[58] *Hamlet*, V, I.

«L'âge avec ses pieds de voleur...» alors je n'aurai plus à dépoudrer ma tête pour venir te rejoindre, à dépoudrer ma tête coupée, L'âge avec ses pieds de voleur, me donne le ciel de ne point l'attendre, et les nuits où d'être blonds mes cheveux cesseraient pour toi d'être nus! Et quand l'âge aux pieds de voleur m'aurait griffé dans sa patte d'écrevisse,[59] que ce soit lui ou le bourreau qui m'ait pris en cale[60] dans la terre, quand tout sera comme si n'avait jamais existé ce gaillard[61] aux petites dents de loup, et son cœur d'incendie et ses cheveux de paille où tes mains se brûlaient, Murmure, à Roskilde jamais, jamais sans moi tu n'iras dormir.

Où et quand? J'ai senti contre moi ce mouvement de l'ombre, ce glissement d'âme, et je ne sais plus qui je suis. Ce corps m'est autre,[62] et le toucher de mes mains, l'épaisseur des jambes, la lourdeur du tronc. Quel est mon âge? étrange question, roulant avec mes épaules.[63] Dans le linge froissé,[64] je surgis[65] différent. Ni blond ni jeune, et ce cœur qui fait mal. Quelle heure est-il, je ne reconnais plus mes bras, ni mon odeur, et d'où vient, vieil homme, vaguement, vers moi cette sueur de clarté, cette basse lueur? Murmure aura machinalement, dans son demi-sommeil, allumé son aube de chevet,[66] se tournant, j'entends parler quelqu'un qui promet la grêle,[67] et les coups de vent, ici et là, la neige ailleurs... les routes déviées,[68] les poids lourds[69] et la brume, et les camionneurs écoutant des chansons... Suis-je encore assez fort pour traverser le monde? Je ne sens plus tomber mes cheveux sur mon front.[70] Personne désormais ne m'appellera Johann-Friedrich, personne. Ni blond ni jeune. Un autre. Et les mots en moi qui s'éveillent n'ont pas

[59] would have grasped me in its crayfish claw.
[60] hold.
[61] merry fellow.
[62] foreign to me.
[63] The meaning is that the question is being turned over in his mind with a movement similar to that of his shoulders.
[64] crumpled.
[65] I appear suddenly.
[66] bedside dawn, meaning the radio which wakes him up.
[67] hail.
[68] detours.
[69] big lorries.
[70] my hair hanging down over my forehead.

E

musique d'Allemagne. Qu'ai-je oublié? Vienne ou ma vie? J'ai perdu
souvenir de ce petit médecin d'Altona comme de moi-même. Cela sent
une fièvre ancienne, un ramassis[71] de songes épars. Mes lèvres serrées
sur le dos de ma main rêche[72] font un voyage inconnu vers des jointures
ridées.[73] Ne bouge pas, Murmure, ma présence. La radio tout bas
chantonne[74] un air que l'on ne jouait pas de mon temps. C'est comme
si j'étais dans un pays d'oiseaux différents, une Orénoque de babils,[75] un
rythme d'outre-oreille, une phrase toujours rompue et reprise,[76] une
femme qui s'enfuit quand on la croit tenir... Est-ce que nous sommes
arrivés déjà si loin dans notre course que le paysage soit d'une même
haleine étrange et familier?

Où et quand? Je ne suis plus cet amant blond que tu avais ma reine.
Je ne suis plus cet Allemand. Je ne puis plus dépoudrer mes cheveux.

Tout à coup la voix s'est élevée. Assez que j'en distingue à la fin les
paroles, malgré ce tympan[77] dur où s'égarent les sons. La voix s'est
élevée, emplit soudain la pièce, et je sens sur elle aussitôt tes doigts, à ce
qu'elle a baissé. C'est un refrain qui fait bascule[78] avec peu de mots repris,
quelque chose comme *Ma guitare, ma guitare*, enfin plus ou moins dans ce
goût. Tu ne dors plus, tu ne dors plus, Murmure? O douce et toujours
nue, et je ne suis qu'un bois mort au bas de ta chemise entraîné à ton
pas,[79] parmi les feuilles, les cailloux... ce vieil homme de moi dont tu n'as
que mémoire. A rien ne sert de me donner masque d'autrui pour toi, je
ne retiendrai point la vie entre mes bras comme un foin fauché,[80] pre-
nant apparence de je ne sais quel Johann-Friedrich Struensee qui
naquit à Halle, en Brandbourg, le 5 août 1737 et, à trente-cinq ans qui
est un bel âge[81] pour mourir, fut décapité[82] comme Brandt, son ami,

71 heap.
72 rough.
73 wrinkled knuckles.
74 sings softly.
75 twitterings.
76 taken up again.
77 ear-drum.
78 to see-saw.
79 carried along as you walk
80 mowed hay.
81 a good age.
82 beheaded.

dont cela aurait encore tout compliqué de te parler, dans la citadelle de Copenhague à la fin mars 1772, pour avoir aimé la Reine Caroline-Mathilde, sœur de George III d'Angleterre, sans doute, mais aussi pour avoir tenté de tourner le despotisme aux intérêts du menu peuple,[83] ainsi contre lui liguant la morale et les vrais maîtres du Royaume. A rien ne servent les symboles,[84] dans ce grand naufrage du temps.

Rafale,[85] qu'est-ce donc qui déferle,[86] quel ouragan fait ce fracas? Tout le clavier du piano dramatiquement remonté sur l'ongle d'un médius puissant pour redescendre sur la chair et chaque note y reprend sa place ainsi qu'herbe foulée, une fois le sanglier passé.[87] C'est l'indicatif[88] du monde extérieur, *France-Inter actualités*, dans sa gâche[89] le verrou qui tremble, qui tressaille, je l'ai soudain reconnu, tel qu'il était, — peu me chaut[90] que ce fût ailleurs ou Christiansborg! — sur la porte qui mène aux appartements du Roi-Fou. J'ai compris ce qu'est cette porte qui nous sépare des autres. Voici par où le malheur entre. L'œil vert a rapproché ses palets lumineux.[91] Le vantail bat du poing des nouvelles,[92] va-t-il tenir, il cède cette fois, sens-tu sur nous souffler le vent du dehors? Tout le souffrir des gens s'avance à nous comme un général sur les épaules d'un gorille, et j'entends crier la foule, et les freins farouches des autos, les crimes privés, l'haleine de la peur, une ville entière cette nuit soudain que la terre de sa nuque[93] sauvage a secoué, des morts, le feu, les murs, la mer, où ça? je ne connaissais pas ce nom que ma pauvre tête sourde a du mal à orthographier, Ancho-

[83] humbler classes.
[84] Symbols are of no use.
[85] squall.
[86] breaking out.
[87] The whole key-board of the piano dramatically played glissando with the nail of a powerful middle finger which comes back playing each note separately so that each key resumes it original position just as the trampled grass does— once the wild boar has passed.
[88] signature-tune; theme-tune.
[89] latch.
[90] *archaic*: it is all the same to me.
[91] The green eye (of the radio) brought together its luminous discs.
[92] The door resounds with the knocking of news.
[93] nape of the neck.

rage,[94] un beau nom, cité qui n'existe pour moi qu'afin tout aussitôt de s'abîmer[95] dans le Tremblement du Vendredi Saint, et par toute la terre les sismographes affolés[96] déchirent le papier ou le dépassent...[97] Or, toi qui frémis aux confins de la veille et du songe,[98] toutes les douleurs du monde ici t'atteignent de leur séisme, qu'elles soient de la chair ou de l'âme, d'un peuple ou d'un enfant, d'un amour qui se rompt, d'une solitude ou d'une guerre. A quoi rêvais-tu qu'à nouveau tu m'as dit: «Prends moi dans tes bras...» et j'ai senti par toi dans tout mon corps ce sanglot d'inconnus qui vient nous habiter le cœur comme un grand vent.

Mais la radio chante à tue-tête,[99] en anglais, nouvelles chansons. Ce sont des filles d'avant l'âge, à peine on sait leur petit nom, des doigts claquant,[100] et de la tête elles font oui, elles font non, une est Sylvie, autre Françoise, un pied derrière, un pied devant, que dit la brune, et dit la blonde, la terre tremble, à ce qu'il semble, et la musique, un peu plus vite voilà tout, le pouce agite, et l'œil le suit, celui de droite, à gauche aussi, *to be* ma chère *or not to be*, et la musique, un peu plus lente tout à coup, reprend les mots, qui font des phrases, trois petits tours et puis s'en vont... ah, vous avez l'âge de la folie, enfants, quels fenouils[101] portez-vous et quelles sont ces an colies,[102] chantez, chantez, *By Gis and saint Charity*:

> *Par mon doux Jésus et par Charité*
> *Hélas, et fi l'infâme!*
> *Jeunes gens le font s'ils en sont tentés:*
> *Sur leur vit, qu'on les blâme!*
> *Elle dit: «Avant que tu m'aies troussée,*
> *Tu parlais mariage!»*

---

[94] A town in Alaska where an earthquake took place in 1964.
[95] to be engulfed.
[96] demented.
[97] go beyond the edge.
[98] between waking and dreaming.
[99] at the top of its voice.
[100] snapping.
[101] fennels.
[102] columbines.

> Et lui: «*Sur ce soleil-là! c'était ma pensée,*
> *Si tu étais demeurée sage.*»[103]

Ah les chansons, les chansons ne sont plus ce qu'elles sont pourtant, nouvelles Ophélies, êtes-vous à ce faux Hamlet déjà prêtes, déjà faites à ce nouveau Robin qu'on aime un été? ce gentil Robin dont autre est folie, aussitôt aimé qu'il vous a quittées... et pourtant pourtant vous étiez jolies... à son cou pourquoi vous être jetées? comment est-ce donc qu'on dit dans Shakespeare:

> *For bonny sweet Robin is all my joy...*

Ça ne rime à rien,[104] et pour un empire il me déplairait d'en faire des vers, avec des chansons de faire un enfer. Tourne le bouton sur une autre ville,[105] tourne le bouton sur d'autres amours, et ce sont toujours les nôtres, les tiennes, il n'y a que toi dont je me souvienne, il n'y a que toi dont l'ombre est le jour, tourne le bouton vers une autre ville, ainsi dans nos bras pour y voyager, Murmure, entends-tu, nous irons ensemble où nous n'étions pas, mais où étions-nous? nous avions rêvé d'aller au mois d'août prendre le bateau du Danube à Vienne... et, pour des raisons de ce monde fou, il faut l'oublier comme autrefois Vienne où, te souviens-tu de ces trois semaines, où la vie avait je ne sais comment tourné dans ma tête et sur ses talons.

L'oubli. Le silence. Je rêve de ce qui est pire que l'oubli.

Il y a diverses façons d'anéantir les hommes. C'est comme avec les fourmis qu'on écrase sous le pouce ou le talon, qu'on brûle au logis,

---

[103] *Hamlet*, IV, 5.

> By Gis and by Saint Charity
> Alack, and fie for shame!
> Young men will do 't if they come to 't,
> By Cock, they are to blame.
> Quoth she, 'Before you tumbled me,
> You promised me to wed.'

He answers:

> 'So would I'a'done, by yonder sun,
> An thou hadst not come to my bed.'

[104] There's no sense, neither rhyme nor reason in it.
[105] Switch on to another station.

ou dont on parsème les chemins supposés d'une poudre blanche pour leur détruire le dedans.[106] Il y a les moyens éclatants, je veux dire publics, patents, avoués, quand on les ramasse par nations, et qu'on en jette une ou vingt l'une sur l'autre.[107] C'était de cela, me semble-t-il, qu'on parlait à Vienne, et que j'ai oublié avec moi-même. Il y a le boulot d'artisans, les femmes qu'on découpe pour les faire ensuite mijoter[108] comme poulet sur la cuisinière, le beau travail indien qui réduit[109] les têtes coupées à la dimension du poing d'un enfant qui aurait des cheveux jusqu'à terre, les procédés chimiques, la strangulation... mais ce n'est pas de cela que je suis en rêve visité...

Je rêve d'une mort aussi grande et terrible que la guerre, mais secrète, à qui tous les moyens de tuer sont bons, et qui se plaît à les varier, une mort à la fois inventive et casanière,[110] une mort sans lois, qui n'a pas toujours besoin d'un échafaud, d'une chaise électrique, une mort pourtant qui pend par-ci, par-là qui assomme, bat jusqu'à plus soif,[111] à jamais plus soif, épuise avant de frapper, commence par l'esprit, extermine d'abord l'homme dans l'homme, préfère encore la peur au fouet, sans le négliger pourtant, exulte quand elle dégrade, fait du suspect un traître à son semblable,[112] obtient de lui qu'il tienne les bras de son frère supplicié[113] dans l'espoir sans fondement d'éviter son propre supplice, une mort qui permet tous les préalables,[114] de la douleur, de la faim, de l'ignominie. Une mort qui peut aussi bien être la balle instantanée que la longue agonie, le jugement si lentement exécuté qu'on a oublié la sentence, le crime ou ce qu'on prétendit l'être, la raison du sang, ou celle de l'état, la peine infligée, à qui cessa d'avoir un nom, un numéro même, pour être seulement chair d'abattoir, qu'on entend sous la masse mugir.[115]

Je rêve d'une mort qui ressemble aux passions cachées: son domaine est immense comme l'inconscient, mais c'est l'inconscient d'un peuple,

---

[106] on whose supposed trails one sprinkles white powder to destroy their insides.

[107] when you gather them in nations and you set one or twenty against each other.

[108] to stew.

[109] shrinks.

[110] home-loving.

[111] to repletion.

[112] makes the suspect into someone who betrays his fellow-man.

[113] under torture.

[114] preliminaries.

[115] that you can hear roaring under the sledge-hammer.

à qui ne suffisent plus les petits cachots d'autrefois. Une mort qui s'ouvre comme une trappe à n'importe qui, moins pour ce qu'il fait que pour avoir mis le pied sur elle. On bascule,[116] et voici les étendues sans fin, les chemins qui s'enfoncent dans l'inconnu de la misère, les déserts de vivre, les chantiers de souffrir. C'est le monde étrange de l'oubli, des promiscuités et des tortures. Personne ne sait comment et où en furent établies les monstrueuses conventions. On se les tient pour dites,[117] pourtant, comme on apprend vite à ne pas toucher ce fil innocent d'aspect où passe l'invisible feu d'un courant mortel. Le plus bizarre de cette mort, c'est que tout le temps qu'elle met à manger son homme, celui-ci ne pense qu'à vivre, et croit à chaque étape avoir payé le prix d'un nouveau sursis.[118] Je rêve d'un empire impitoyable dont les sujets expient d'avoir eux-mêmes bâti cet empire de la mort, et c'est cela qu'on y appelle au bout du compte[119] la vie.

Je rêve d'une mort dont le raffinement suprême est d'être la vie. Et terrible pour cela qu'on ne peut rien espérer puisque vivre c'est mourir. Une mort contre qui personne ne peut s'insurger,[120] contre qui comment rassembler personne, contre qui parler est impensable, une mort dont on ne fera jamais les comptes, jamais le tour, jamais Vienne.[121] Une mort au nom de ce que j'aime, une mort au nom de ce que je crois, une mort au nom de ce pour quoi je suis prêt à mourir. Et finalement toutes les morts se ressemblent, les survivants quand on les met devant d'abord crient, refusent de croire, gémissent sourdement,[122] tournent en rond, ne comprennent plus rien, s'écorchent[123] à tout, pendant deux jours, trois, quatre, et puis tout reprend son aspect d'avant cette mort-là pour attendre la mort qui vient, la vôtre ou la mienne, ah que préférer! Je rêve d'une mort si affreuse qu'elle-même rirait de se trouver justification.

© Editions Gallimard 1965

---

[116] You tip up.
[117] We don't need to be told about it twice.
[118] reprieve.
[119] after all.
[120] revolt.
[121] whose accounts can never be kept, which we can never measure, which will never be Vienna [Peace Congress].
[122] groan with a dull sound.
[123] scratch themselves.

RAYMOND QUENEAU

Courir les rues

Presented by Barbara Wright

RAYMOND QUENEAU, who was born in 1903, is a writer who belongs to no category and can be compared to no one: he is, that is to say, strikingly original. But he is nevertheless a direct descendant of the classic schools of French writing, particularly in his effortless juggling with philosophical ideas and in his multifaceted, and sometimes earthy, humour. These were already fully mature in his first novel, *Le Chiendent*, which was published in 1933: since then he has written some dozen novels and several volumes of poetry.

Queneau, though, is a man of rare versatility; some of his other pre-occupations are: science, particularly mathematics; history; and language reform. These are inevitably reflected in his prose and poetry, but he has also written a volume of scientific essays (*Bords*), a book called *Une histoire modèle* and several essays on various aspects of language (in *Bâtons, chiffres et lettres*.)

With all his erudition, however, Queneau is incapable of writing a line that is either dull or pompous. An extraordinarily careful writer—the right word is almost without exception always in the right place, and could not be changed—his writing nevertheless gives the impression of great spontaneity. His novels may occasionally seem difficult, though on the other hand, some of the later ones—*Zazie dans le métro*, or *Les fleurs bleues*, for instance—may, because they are so funny, seem deceptively simple. There is an infallible remedy to either of these apparent extremes—re-reading. The fact that everything Queneau writes may be read on many different levels is a token of its density and quality, and guarantees some new discovery with every reading.

BOOKS ON QUENEAU

Jean Queval, *Raymond Queneau*, Seghers, 1960.

Jacques Bens, *Queneau*, Gallimard, 1962.

Claude Simonnet, *Queneau déchiffré*, Julliard, 1962.

Paul Gayot, *Queneau*, Editions Universitaires, 1967.

COURIR LES RUES, a book of over 150 short poems, was published in 1967. Its theme is Paris, in all its aspects, past, present and future—Paris and the Parisians. Here again Queneau is following, in his own inimitable way, one of the great traditions of French writers—from Villon to Léon-Paul Fargue—who have felt a passionate love for their capital city. Queneau takes as his epigraph a quotation from Heraclitus which, translated, reads: *Car là aussi se trouve les dieux*. One of the most moving features of these poems is the way in which Queneau finds the gods—and poetry—in the most humble corners of the city, and in its most humble citizens. Some of the poems are word-paintings, some are kind of poeticised guides, there is nostalgia, history, information, humour and great compassion. It is surely an unusual writer who can see poetry in the touching 'dame de soixante-cinq ans' of *Les cœurs malheureux*, 'qui travaille encore et qui marche lentement', and in the street-cleaners of *Loin des Tropiques*.

The poems are in the most varied metres, from the strict sonnet in alexandrines to the freest *vers libre*. Among the poems chosen, there are examples of the way Queneau likes to amuse himself with deforming words and their spelling—and it is also possible to see that it is not only for his (and our) amusement that he does this. If the French pronounce *clown* 'claoune' (*Rue de Rivoli*)—why should the word not be so spelt? In *Grand standigne* there are 'tévisions', frigidaires are turned into 'frigidons' (surely only for the rhyme, but why not?) and the invariable word *chauffe-eau* (water-heater or -heaters) is given a plural. In *Loin des Tropiques* we have the 'ouatures' (voitures) which are such a feature of Queneau's latest novel *Les fleurs bleues*. This is how many French people pronounce *voitures*, and Queneau plays with such variants throughout his writing, though never too much, and always unexpectedly. That is one of the reasons why they become poetry.

From
Courir les rues

PLACE DE LA BASTILLE

Il y a une lettre de Leibniz
datée du 14 juillet 1686
dans laquelle il signale l'importance

du principe de raison suffisante
c'est une date dans l'histoire de la philosophie
c'est pourquoi chaque année le peuple de Paris
sur les places publiques danse toute la nuit

LUTÈCE[1] (LÉTHÉ)

Le fleuve de l'oubli emporte la cité
avec ses caramels et ses baraques du jour de l'an
ses départs en vacances et ses quatorze juillet
ses cars de touristes son muguet de printemps
les arroseuses municipales de l'été sa neige de l'hiver
ses pluies d'automne qui donnent une odeur électrique à sa poussière
ses bistrots qui changent de nom ses commerçants qui achètent ou
   vendent leurs boutiques
les rues débaptisées les affiches arrachées
ce fleuve de l'oubli dont on oublie même le nom mythologique
le Léthé oublié ne cesse de couler

LES CŒURS MALHEUREUX[2]

Allez ptite mère grouille-toi[3] on est pressé
ils ne l'ont même pas bousculée
mais elle a tout de même pleuré
après avoir pris soin de s'asseoir sur un banc
ensuite elle a écrit aux Cœurs Malheureux
et on lui a répondu:
mais ils ne sont pas tous comme ça
Alors elle s'est remise à pleurer
la dame de soixante-cinq ans
qui travaille encore et qui marche lentement

---

[1] Lutetia. Lemprière charmingly describes it as: 'a town of Belgic Gaul, on the confluence of the rivers Sequana and Matrona, which received its name, as some suppose, from the quantity of clay, *lutum*, which is in its neighbourhood. J. Caesar fortified and embellished it. . . . It is now called *Paris*, the capital of France.'
[2] Generic name for correspondence columns in women's magazines.
[3] Get a move on.

RUE DE RIVOLI

Coligny[4] derrière sa grille
près de la rue de l'Oratoire
se souvient avec mélancolie
du cirque Médrano

Monsieur Auguste[5] demandait au claoune
dites-moi donc le jour de la Saint-Barthélemy
sur qui tirait Charles IX
des fenêtres du Louvre
et le claoune répondait
sur les clients de la Samaritaine[6]

Coligny derrière sa grille
trouve ça triste, bien triste
ce n'est pas un sujet de plaisanterie
le massacre de la Saint-Barthélemy
Il n'est jamais monté sur la terrasse
de ce grand magasin
on y peut boire de la bière et des jus de fruits
et voir dans quelle direction se trouvent Berlin et Lagny[7]
ça pourrait l'intéresser pourtant
mais il ne peut y aller maintenant
qu'il est immobilisé
par Crauk et Scellier
qui l'ont mis dans le bronze
peu de temps avant l'année 1891

---

[4] Admiral Gaspard de Coligny, a Huguenot of integrity, friend and counsellor of the young King Charles IX. Assassinated through the machinations of the Guises at the Massacre of St. Bartholomew in 1572, he had been slightly wounded two days previously by a harquebus 'discharged from the shelter of a window'. Some say that it was Charles IX himself, having undergone a change of heart, who shot at him.

[5] Auguste—one of the classic types of circus clown.

[6] A (fairly) modern department store near the Louvre.

[7] An unimportant small town some 20 miles east of Paris.

Alors il reste derrière sa grille
à ruminer sur les malheurs de son temps
qui furent aussi grands que les malheurs du nôtre

GRAND STANDIGNE[8]

Un jour on démolira
ces beaux immeubles si modernes
on en cassera les carreaux
de plexiglas ou d'ultravitre
on démontera les fourneaux
construits à polytechnique
on sectionnera les antennes
collectives de tévision
on dévissera les ascenseurs
on anéantira les vide-ordures
on broiera les chauffoses
on pulvérisera les frigidons
quand ces immeubles vieilliront
du poids infini de la tristesse des choses

LOIN DES TROPIQUES

C'est tout un art de balayer
c'est un métier digne d'estime
les ruisseaux comme des torrents
cavalent cavalent cavalent

on doit savoir les diriger
y concentrer les ordures
qu'il faut habilement glisser
     sous les ouatures

ᴛrottes de chiens vieilles lettres
mégots bâtonnets de sucettes

---

[8] Joke on the French pronunciation of the frenglish word 'standing'—'status', to us.

épingle à cheveux verre brisé
l'ajonc[9] mouillé
d'une gracieuse parabole
les fait choir
en base du trottoir
sans une parole

ces artistes municipaux
ont depuis peu souvent la peau
noire
ils ont un air mélancolique
pensent-ils à la Martinique?
à un marigot[10] africain?
lorsqu'ils ont le balai en mains
du matin
au soir

SUNT LACRYMAE BONHOMME

Dans son appartement
du seizième arrondissement[11]
frigidaire et grand standigne
le chroniqueur érudit
aligne des lignes
pour des regrets émouvants:
on démolit quelques taudis[12]
dans un coin presque historique

Courir les rues © Editions Gallimard 1967

[9] Furze, gorse (of which brooms are made).
[10] (W. Africa). Branch channel (of river).
[11] The Parisian Mayfair (more or less).
[12] Hovels.

ANDRÉ MALRAUX

La Voie Royale

Presented by Eunice Leong

ANDRÉ MALRAUX: Few writers have been more involved in the life of their times than André Malraux. Novelist, adventurer, critic, journalist and, since 1959, Minister for Cultural Affairs in the French Government, he remains one of France's most distinguished writers.

He was born in Paris in 1901, although his family was originally of sea-faring stock from Dunkerque, and at an early age became interested in art and archaeology. In the general disillusionment which followed the First World War, Malraux turned from Western civilisation to the art and culture of the East, hoping to find there some answer to his speculation on the nature of man. In the period between the two wars he made several trips to the East, one of which had as its object the re-discovery of some ancient Khmer sculpture along the abandoned Royal Road of Cambodia. His novels *La Voie Royale* (1930), *Les Conquérants* (1927) and *La Condition humaine*, for which he gained the Prix Goncourt in 1933, are all set in Asia. In these novels he explores the possibility of action as a solution to man's humiliating situation in the universe. *L'Espoir* (1937) was written during the Spanish Civil War, in which Malraux actively participated as an aviator, and it deals not only with the self-fulfilment of the individual but with fraternal action against social evil. Malraux's last philosophical novel, *Les Noyers d'Altenburg*, part of a projected but never-completed trilogy, was published in 1943 while he was a member of the French Resistance. Since then he has devoted his talent to essays on art. In *Les Voix du silence* (1951) and *La Métamorphose des dieux* (1957) Malraux postulates artistic creation as 'one of the fundamental defences against our fate'. His latest work has just appeared, and is entitled, characteristically, *Antimémoires*.

BOOKS ON ANDRÉ MALRAUX

G. Picon, *Malraux par lui-même*, Editions Gallimard, 1953.

P. de Boisdeffre, *Malraux*, Editions Universitaires, 1957.

Brian T. Fitch, *Le sentiment d'étrangeté*, Lettres Modernes, 1964.

Walter Langlois, *André Malraux, l'aventure indochinoise*, Editions Mercure de France, 1967.

LA VOIE ROYALE: Partly biographical, *La Voie Royale* is based on Malraux's Indo-Chinese adventure in 1923, except that for artistic reasons, the jungle he describes is Vietnam, not the more hospitable region of Cambodia. It combines all the elements of a good adventure story—excitement, mystery and suspense—with Malraux's own philosophy of the Absurd.

Claude Vannec is a young Frenchman who rejects the world of 'respectability'—the world of car sales and bridge building—to venture out East in order to make a quick fortune. He gambles his life in the steamy, rotting jungle of Cambodia, against the valuable Kmerian bas-reliefs he hopes to find in the lost temples along the ancient Cambodian Royal Road. He is joined in this adventure by the aging Perken, who has lived many years in the East, and who, in an attempt to 'leave a scar on the map', has established his own mysterious 'kingdom' in an unsubdued region of Siam. He wants money to arm his people against the inroads of civilisation, and he is anxious to find the trace of another white adventurer, Grabot, who disappeared in the area some time ago. Grabot is a kind of Nietzschean hero who, by dint of his sheer courage, has set himself apart from other men. But more than adventure itself, what links Claude and Perken is their obsession with death. The certainty of death is the 'irrefutable proof of the absurdity of life', the knowledge that man's existence is contingent, that there is no justification nor compensation for his life. Rather than slowly await death, Perken and Claude desire to sell their lives dearly, and to live all the more intensely and dangerously in the face of omnipresent death.

Their slow progress through the encroaching jungle crawling with insect life is symbolic of man's life, divested of all its protective habits and diversions, in a hostile universe. The slimy putrefaction of the forest is reminiscent of the viscosity of Sartre's world in *La Nausée*. After many setbacks, Claude and Perken obtain the bas-reliefs only to be deserted by their guide and porters. Nevertheless, they manage to push on towards Siam, although they are forced to pass through un-friendly territory.

In a remote village they find evidence of the presence of a white man, and discover the former adventurer Grabot, blinded, enslaved and harnessed to a treadmill—a fitting symbol of 'la condition humaine'. Perken barters with the menacing tribesmen for Grabot's life, and they are allowed to proceed to Siam, but meanwhile, Perken has been gashed with a bamboo spike and the wound becomes gangrenous. Aware of his imminent death, Perken is determined to regain his 'kingdom', and Claude, as a fraternal gesture, decides to accompany him, leaving the sculpture behind. Suffering excruciating agony, Perken, in the end, fails in his attempt to reach his people, and dies in the arms of Claude. So the story ends in defeat: the sculptures are now useless to Perken; his will has availed him nothing, since he had to die; the finding of Grabot has resulted only in the confirmation of man's ultimate defeat by destiny. But Perken has not passively submitted to fate—he has fought to the end with a grandeur that only man can possess. To Claude, he is both example and warning that 'une vie ne vaut rien mais rien ne vaut une vie'.

In this extract we are made aware of the horrifying journey of Claude and Perken through the reeking putrescence of the tropical jungle. We experience the taut nerves of Claude as, verging on hysteria, he crawls inch by inch along the slimy wall which threatens at every minute to precipitate him into certain death. Malraux achieves this effect by two methods: he uses the technique of the cinema to focus attention on important detail—the short, broken sentence, ellipsis and the juxtaposition of disparate images—and he combines this with long, involved sentences containing complex imagery to emphasise the difficulty of the adventurers' passage. The heightened language of the descriptions makes close translation impossible, so the reader is warned not to expect exact English equivalents for the French words.

from

La Voie Royale

Depuis quatre jours, la forêt.

Depuis quatre jours, campements près des villages nés d'elle[1] comme leurs bouddhas de bois, comme le chaume de palmes[2] de leurs huttes sorties du sol mou en monstrueux insectes, décomposition de l'esprit dans cette lumière d'aquarium, d'une épaisseur d'eau.[3] Ils avaient rencontré déjà des petits monuments écrasés, aux pierres si serrées par les racines qui les fixaient au sol comme des pattes qu'ils ne semblaient plus avoir été élevés par des hommes mais par des êtres disparus[4] habitués à cette vie sans horizon, à ces ténèbres marines.[5] Décomposée par les siècles, la Voie ne montrait sa présence que par ces masses minérales pourries, avec les deux yeux de quelque crapaud immobile dans un angle[6] des pierres. Promesses ou refus, ces monuments abandonnés par la forêt comme des squelettes? La caravane allait-elle enfin atteindre le temple sculpté vers quoi la guidait l'adolescent qui fumait sans discontinuer les cigarettes de Perken? Ils auraient dû être arrivés depuis trois heures... La forêt et la chaleur étaient pourtant plus fortes que l'inquiétude: Claude sombrait comme dans une maladie dans cette fermentation où les formes se gonflaient, s'allongeaient, pourrissaient hors du monde dans lequel l'homme compte, qui le séparait de lui-même avec la force de l'obscurité. Et partout, les insectes. [...] Les insectes, eux vivaient de la forêt, depuis les boules noires qu'écrasaient les sabots des bœufs attelés aux charrettes[7] et les fourmis qui gravissaient en tremblotant les troncs poreux, jusqu'aux araignées retenues par leurs pattes de sauterelles[8] au centre de toiles de quatre mètres dont les

---

[1] spawned from the forest.

[2] the palm thatching.

[3] in that light, dense like water, which gave one the impression of being in an aquarium.

[4] by creatures now extinct.

[5] this watery darkness.

[6] some toad motionless in a gap.

[7] from the black ball-like things squashed by the hooves of the cattle yoked to the carts.

[8] to the spiders holding on by their frail legs.

F

fils recueillaient le jour qui traînait encore[9] auprès du sol, et apparais-
saient de loin sur la confusion des formes, phosphorescentes et géomé-
triques, dans une immobilité d'éternité. Seules, sur les mouvements de
mollusque de la brousse,[10] elles fixaient des figures qu'une trouble
analogie reliait aux autres insectes, aux cancrelats,[11] aux mouches, aux
bêtes sans nom dont la tête sortait de la carapace au ras des mousses,[12]
à l'écœurante virulence d'une vie de microscope.[13] Les termitières
hautes et blanchâtres,[14] sur lesquelles les termites ne se voyaient jamais,
élevaient dans la pénombre leurs pics de planètes abandonnées comme
si elles eussent trouvé naissance[15] dans la corruption de l'air, dans
l'odeur de champignon, dans la présence des minuscules sangsues[16]
agglutinées sous les feuilles comme des œufs de mouches. L'unité de la
forêt, maintenant, s'imposait; depuis six jours Claude avait renoncé à
séparer les êtres des formes, la vie qui bouge de la vie qui suinte;[17] une
puissance inconnue liait aux arbres les fongosités,[18] faisait grouiller toutes
ces choses provisoires[19] sur un sol semblable à l'écume des marais, dans
ces bois fumants de commencement du monde.[20] Quel acte humain ici,
avait un sens? Quelle volonté conservait sa force? Tout se ramifiait,
s'amollissait,[21] s'efforçait de s'accorder à ce monde ignoble et attirant
à la fois[22] comme le regard des idiots, et qui attaquait les nerfs avec la
même puissance abjecte que ces araignées suspendues entre les branches,
dont il avait eu d'abord tant de peine à détourner les yeux.

    Les chevaux marchaient le col baissé, en silence; le jeune guide avan-
çait lentement, mais sans hésiter, suivi du Cambodgien que le délégué

[9] the threads of which caught the light still lingering.
[10] against the snail-like heaving of the undergrowth.
[11] with cockroaches.
[12] whose heads emerged from their shells down in the moss.
[13] seen under a microscope.
[14] tall, whitish termite hills.
[15] as if they had been bred.
[16] tiny leeches.
[17] life which squirms from life which oozes.
[18] fungoid growths.
[19] kept all these transitory things swarming.
[20] in these steaming primeval woods.
[21] Everything branched out, grew flabby.
[22] this world, at once vile and fascinating.

avait adjoint à la caravane pour réquisitionner les conducteurs — et pour la surveiller: Svay. A l'instant où, le plus vite possible, Claude tournait la tête (sa crainte maladive de se jeter dans une toile d'araignée l'obligeait à regarder avec soin devant lui), un contact le fit sursauter: Perken venait de lui toucher le bras, indiquant de sa cigarette, très rouge dans cet air si sombre, une masse perdue dans les arbres et d'où, çà et là, sortaient des roseaux. Une fois de plus, Claude n'avait rien su distinguer à travers les troncs. Il s'approcha des vestiges d'un mur de pierre brune, taché de mousse; quelques petites boules de rosée, qui ne s'étaient pas encore évaporées, brillaient... «L'enceinte, pensa-t-il. Le fossé a été comblé.»[23]

Le sentier se perdait sous leurs pieds; de l'autre côté de l'éboulis,[24] qu'ils contournèrent, une profusion de roseaux, serrés comme ceux d'une claie,[25] barraient la forêt à hauteur d'homme.

Le boy cria aux conducteurs des charrettes de venir avec leur coupe-coupe:[26] voix stagnante, écrasée par la voûte des feuilles... Les mains à demi crispées de Claude se souvenaient des fouilles,[27] lorsque le marteau retenu[28] cherche à travers la couche de terre un objet inconnu. Le buste des conducteurs s'abaissait d'un mouvement lent, presque paresseux, et se relevait d'un coup, droit, dominé par la tache bleue du fer[29] qui reflétait, en tournant, la clarté du ciel invisible; à chaque mouvement des fers parallèles, de droite à gauche, Claude sentait dans son bras l'aiguille d'un médecin qui jadis, cherchant maladroitement sa veine, lui raclait[30] la chair. Du chemin qui peu à peu s'approfondissait montait une odeur de marais, plus fade[31] que celle de la forêt; Perken suivait pas à pas les conducteurs. Sous ses souliers de cuir un roseau mort sans doute depuis longtemps craqua avec un bruit sec: deux grenouilles des ruines s'enfuirent sans hâte.

Au-dessus des arbres, de grands oiseaux s'envolèrent lourdement; les faucheurs[32] venaient d'atteindre un mur. Il devenait facile de retrouver la porte, pour s'orienter ensuite: ils n'avaient pu dériver qu'à gauche; il suffisait donc de suivre le mur vers la droite. Roseaux et

---

[23] filled in.
[24] mass of fallen stones.
[25] closely packed like those in a screen.
[26] machete.
[27] excavation.
[28] the cautious hammer.
[29] the blue patch of metal.
[30] scraped.
[31] stale.
[32] reapers.

buissons épineux venaient jusqu'à son pied. Claude, d'un rétablissement, se trouva sur lui.[33]

— «Pouvez-vous avancer?» demanda Perken.

Le mur traversait la végétation comme un chemin, mais sous une mousse gluante. La chute, si Claude voulait marcher, était d'un extrême danger: la gangrène est aussi maîtresse de la forêt que l'insecte.[34] Il commença à avancer à plat ventre; la mousse à l'odeur de pourriture, couverte de feuilles mi-visqueuses,[35] mi-réduites aux nervures[36] comme si elle les eût en partie digérées, s'étendait à hauteur de son visage, grossie par la proximité, vaguement agitée dans l'air si calme, rappelant par le mouvement des fibrilles[37] la présence des insectes. Au troisième mètre, il sentit un chatouillement.

Il s'arrêta, raclant son cou de sa main. Le chatouillement passa sur elle, il la ramena aussitôt: deux fourmis noires grandes comme des guêpes, les antennes distinctes, essayaient de se glisser entre ses doigts. Il secoua sa main de toute sa force: elles tombèrent. Il était déjà debout. Pas de fourmis sur ses vêtements. A l'extrémité du mur, à cent mètres, une trouée[38] plus claire: la porte, sans aucun doute, et les sculptures. En bas, le sol criblé de pierres éboulées.[39] Sur la trouée claire, une branche passait en silhouette; de grandes fourmis, le ventre en silhouette aussi, les pattes invisibles, la suivaient comme un pont. Claude voulut l'écarter mais il la manqua d'abord. «Il faut absolument que j'arrive au bout. S'il y a des fourmis rouges, ça ira mal, mais si je revenais, ça irait plus mal... A moins qu'on n'ait exagéré?» — «Eh bien?» cria Perken. Il ne répondit rien, avança d'un pas. Équilibre plus que précaire.[40] Ce mur attirait ses mains avec une force d'être vivant:[41] il se laissa tomber sur lui;[42] et à l'instant, conseillé par ses muscles, il comprit comment il devait marcher: non sur les mains et les genoux, mais sur les mains et

[33] Hoisting himself, Claude found himself on top of it.
[34] gangrene rules the forest as much as insect life.
[35] half-slimy.
[36] reduced to little more than veins.
[37] by the movement of its small fibres.
[38] an opening, gap.
[39] strewn with fallen stones.
[40] He was just keeping his balance.
[41] with the force of a living thing.
[42] he let himself fall on to it.

la pointe des pieds (il pensa au gros dos des chats). Il avança aussitôt.
Chaque main pouvait défendre l'autre; pieds et mollets[43] étaient protégés par le cuir, leur contact avec la mousse réduit au minimum.
«Ça ya», cria-t-il. Sa voix le surprit, criarde et désaccordée:[44] elle
n'avait pas encore oublié les fourmis. Il avançait lentement, exaspéré
par le peu d'obéissance de son corps maladroit, par les mouvements
impatients qui jetaient ses reins de droite à gauche, au lieu de le faire
aller plus vite. Il s'arrêta encore, une main en l'air, chien au guet,[45]
bloqué par une nouvelle sensation que sa surexcitation avait retardée:
dans sa main levée persistait l'écrasement de minuscules œufs agglutinés,
de bêtes à coques.[46] De nouveau, ses membres étaient enrayés.[47] Il ne
voyait que la tache de lumière qui l'absorbait, mais ses nerfs ne voyaient
que les insectes écrasés, n'obéissaient qu'à leur contact. Déjà relevé,
crachant, il vit grouillantes d'insectes, une seconde, ces pierres du sol
sur quoi pouvait s'écraser sa vie; dérivé du dégoût par le danger,[48] il
retomba sur le mur avec une brutalité de bête en fuite, avançant de
nouveau, ses mains gluantes collées aux feuilles pourries, hébété[49] de
dégoût, n'existant plus que pour cette trouée qui le tirait par les yeux
Comme une chose qui éclate,[50] elle fit place au ciel. Il s'arrêta, stupide:
dans cette position, il ne savait plus sauter.

   Il put enfin prendre l'angle du mur et descendre.

   Des dalles envahies par les basses herbes conduisaient à une nouvelle
masse sombre: une seule tour, de toute évidence; il connaissait les plans
de ce genre de sanctuaire. Libre enfin de courir comme un homme il se
jeta en avant, la tête mal protégée par le bras replié, au risque de s'ouvrir
la gorge sur une liane de rotin.[51]

   Inutile de chercher des sculptures: le monument était inachevé.
La forêt s'était refermée sur cet espoir abandonné. Depuis des jours, la

---

[43] calves.
[44] shrill and discordant.
[45] like a watch-dog.
[46] stuck to his raised hand was a squashed mass of tiny eggs, of shelled creatures.
[47] his limbs stopped functioning.
[48] delivered of his revulsion by the danger.
[49] dazed.
[50] like a bomb-shell.
[51] cutting his throat on a rattan creeper.

caravane n'avait rencontré que des ruines sans importance; vivante et morte comme le lit d'un fleuve, la Voie Royale ne menait plus qu'aux vestiges que laissent derrière elles, tels des ossements, les migrations et les armées.[52] Au dernier village, des chercheurs de bois avaient parlé d'un grand édifice, le Ta Mean, situé à la crête des monts, entre les marches[53] cambodgiennes et une partie inexplorée du Siam, dans une région Moï.[54] «Plusieurs centaines de mètres de bas-reliefs...»

Si c'était vrai, un sinistre supplice de Tantale[55] ne les attendait-il pas là? «Impossible de sortir une seule pierre du mur d'Angkor-Wat»,[56] avait dit Perken. Hors de doute. La sueur coulait sur le visage de Claude et sur son corps, gluante, intolérable. Bien que, dans cette forêt parcourue, une fois l'an, par quelque minable[57] caravane de charrettes chargées de verroteries[58] que les indigènes allaient troquer contre le stick-laque[59] et les cardamomes[60] des sauvages, sa vie valût le prix d'une balle, il ne croyait pas que les pirates osassent attaquer, sans l'espoir d'un grand profit, des Européens armés. (Mais ces pirates connaissaient peut-être des temples...); et pourtant, l'inquiétude rôdait en lui. «La fatigue?...» pensa-t-il; à l'instant même, il comprit que son regard, qui depuis quelques minutes errait sur la toison[61] d'arbres d'une colline apparue dans une trouée, suivait la fumée d'un feu. Depuis plusieurs jours, ils n'avaient pas rencontré un être humain.

Les indigènes, eux, avaient vu la fumée. Tous la suivaient du regard, les épaules rentrées dans le cou[62] comme en face d'une catastrophe.

---

[52] the remains which like bones, migrations and armies leave in their wake.

[53] outlying provinces.

[54] Moï: national minority people of mountain-dwellers in Vietnam.

[55] a fatal torment of Tantalus. [Tantalus, king of Lydia who, because of an offence against the gods was condemned to eternal hunger and thirst.]

[56] Angkor-Wat: famous Brahmin temple in Cambodia built during ninth and tenth centuries and abandoned from fifteenth century. It was built of soft sandstone blocks perfectly cut, without mortar or cement.

[57] shabby.

[58] glass trinkets and beads.

[59] natural state of lac, a resinous substance from which shellac is made.

[60] cardamon: seeds of which are used as a condiment.

[61] clustering foliage (fleece).

[62] their shoulders hunched.

Malgré l'absence du vent, une bouffée[63] d'odeur de chair brûlée passa:
les animaux s'arrêtèrent.

— Des sauvages nomades... dit Perken. S'ils brûlent leurs morts, ils
sont tous là-bas...

Il sortit son revolver.

«Mais s'ils tiennent la piste...»[64]

Il entrait déjà dans les feuilles, Claude sur ses talons; les mains contre
le corps par crainte des sangsues qui commençaient à s'agglutiner sur
leurs vêtements, les doigts crispés sur le revolver, ils avançaient,
l'épaule en avant, sans un mot. A la transparence soudaine de tout le
feuillage qui jaunit la forêt, Claude devina une clairière:[65] sous le soleil,
la rive opposée de la forêt brillait comme de l'eau, dominée par de
minces palmes au-dessus desquelles montait toujours, verticale, lourde,
lente, la fumée. «Surtout, restez sous bois»,[66] dit Perken à voix basse. Des
clameurs assourdies[67] les guidaient. Claude fut saisi de nouveau par
l'odeur de viande brûlée; dès qu'il le put, il écarta les branches: au-
dessus d'un rang de buissons qui le gênaient, passaient dans un grand
mouvement confus des têtes aux grosses lèvres et des fers de lance[68]
éblouissants; la sourde mélopée[69] battait le feuillage autour d'eux. Au
centre de la clairière, d'une tour trapue faite de claies,[70] la fumée montait,
épaisse et blanche. [...]

La nuit et le jour, la nuit et le jour; enfin un dernier village grelottant de
paludisme,[71] perdu dans l'universelle désagrégation des choses sous le
soleil invisible. Quelquefois, de plus en plus proches, les montagnes.
Les branches basses retombaient en claquant sur le toit des charrettes[72]
comme sur des caisses de résonance,[73] mais cette intermittente flagella-

---

[63] whiff.
[64] but if they keep on the trail.
[65] clearing.
[66] stay under cover.
[67] muffled shouts.
[68] spear heads.
[69] the low rythmic chanting.
[70] a squat pile of hurdles.
[71] malaria-stricken.
[72] the low-hanging branches slapped against the top of the carts.
[73] as if against sound-boxes.

tion elle-même se décomposait[74] dans la chaleur. Contre l'air suffocant qui montait du sol, subsistait seule l'affirmation du dernier guide:[75] le monument vers lequel ils marchaient maintenant était sculpté.

Comme toujours.

Bien qu'il doutât de ce temple, de chacun de ceux vers quoi ils marcheraient, Claude restait lié à leur ensemble par une confiance trouble,[76] faite d'affirmations logiques et de doutes si profonds qu'ils en devenaient physiques,[77] comme si ses yeux et ses nerfs eussent protesté contre son espoir, contre les promesses jamais tenues de ce fantôme de route.[78]

Enfin, ils atteignirent un mur.

Le regard de Claude commençait à s'habituer à la forêt; assez près pour distinguer les mille-pattes[79] qui parcouraient la pierre, il vit que ce guide, plus ingénieux que les précédents, les avait conduits à un affaiblissement qui ne pouvait marquer que la place de l'ancienne entrée. Comme autour des autres temples, montaient les grilles enchevêtrées des roseaux.[80] Perken, qui maintenant n'ignorait plus la végétation des monuments, indiqua une direction: là, la masse des roseaux était moins dense: «Les dalles.» Elles conduisaient certainement au sanctuaire. Les conducteurs se mirent à l'ouvrage. Dans un bruit de papier froissé,[81] les roseaux tranchés tombaient à droite et à gauche avec mollesse,[82] laissant sur le sol des pointes très blanches dans la pénombre: la moelle des tiges coupées en sifflet.[83] «Si ce temple-ci est sans sculptures et sans statues, songeait Claude, quelles chances nous restent? Aucun conducteur ne nous accompagnera au Ta Mean, Perken, le boy et moi... Depuis que nous avons croisé[84] les sauvages, ils n'ont qu'un désir: filer. A trois, comment manœuvrer les blocs de deux tonnes des grands bas-reliefs?...

[74] but this irregular beating itself disintegrated.
[75] only the assurance of the last guide prevailed.
[76] an uneasy confidence.
[77] that he felt them physically.
[78] the never-fulfilled promises of this spectre of a road.
[79] centipedes, millipedes.
[80] tangled palisades of reeds.
[81] crumpled.
[82] slackly.
[83] the pith of the stalks cut slant-wise.
[84] encountered.

Des statues peut-être? Et puis, la chance... Tout ça est bête comme une histoire de chercheurs de trésors...»

Son regard quitta les éclairs[85] des coupe-coupe et retomba sur le sol: les sections des roseaux devenaient déjà brunes. Prendre, lui aussi, un coupe-coupe et frapper, plus fort que ces paysans! Ah! de grands coups de faux à travers ces roseaux!...[86] Le guide le toucha doucement pour attirer son attention: après la chute d'une dernière touffe, protégés par les pierres, rayés[87] par quelques roseaux restés debout, les blocs qui formaient la porte se distinguaient, lisses.[88]

Sans sculptures, encore une fois.

Le guide souriait, l'index toujours tendu. Jamais Claude n'avait éprouvé un tel désir de frapper. Serrant les poings,[89] il se retourna vers Perken, qui souriait aussi. L'amitié que Claude lui portait se changea d'un coup en fureur; pourtant, orienté par la direction commune des regards, il détourna la tête: la porte, qui sans doute avait été monumentale, commençait en avant du mur, et non où il la cherchait. Ce que regardaient tous ces hommes habitués à la forêt, c'était l'un de ses angles, debout comme une pyramide sur des décombres,[90] et portant à son sommet, fragile mais intacte, une figure de grès au diadème sculpté avec une extrême précision.[91] Claude, entre les feuilles, distinguait maintenant un oiseau de pierre, avec des ailes éployées et un bec de perroquet;[92] un épais rai de soleil se brisait sur l'une de ses pattes. Sa colère disparut dans ce miniscule espace éblouissant;[93] la joie l'envahit, une reconnaissance sans objet,[94] une allégresse[95] aussitôt suivie d'un attendrissement stupide.[96] Il avança sans y prendre garde, possédé[97] par la sculpture, jusqu'en face de la porte. Le linteau s'était écroulé,[98] entraînant tout ce qui le surmontait, mais les branches qui enserraient les montants restés debout,[99] tressées, formaient une voûte à la fois noueuse

[85] glint.
[86] to cut great swathes with a scythe through these reeds.
[87] striped.
[88] smooth.
[89] clenching his fists.
[90] on ruins.
[91] a sand-stone figure with delicately sculptured diadem.
[92] with spread wings and parrot's beak.
[93] in that tiny dazzling space.
[94] a gratuitous thankfulness.
[95] gladness.
[96] a foolish sentimentality.
[97] enthralled.
[98] the lintel had collapsed.
[99] the uprights still standing.

et molle que le soleil ne traversait pas. A travers le tunnel, au-delà
des pierres écroulées dont les angles noirs, à contre-jour, obstruaient le
passage, était tendu un rideau de pariétaires,[100] de plantes légères rami-
fiées en veines de sève. Perken le creva, découvrant un éblouissement
confus d'où ne sortaient que les triangles des feuilles d'agave, d'un éclat
de miroir;[101] Claude franchit le passage, de pierre en pierre, en s'appuy-
ant aux murs, et frotta contre son pantalon ses mains pour se délivrer
de la sensation d'éponge née de la mousse.[102] Il se souvint soudain du
mur aux fourmis: comme alors, un trou brillant, peuplé de feuilles,
semblait s'être évanoui dans la grande lumière trouble, rétablie une fois
de plus sur son empire pourri. Des pierres, des pierres, quelques-unes
à plat, presque toutes un angle en l'air:[103] un chantier envahi par la
brousse. Des pans de mur de grès violet, les uns sculptés, les autres nus,
d'où pendaient des fougères; certains portaient la patine[104] rouge du
feu. Devant lui, des bas-reliefs de haute époque,[105] très indianisés
(Claude s'approchait d'eux), mais très beaux, entouraient d'anciennes
ouvertures à demi cachées sous un rempart de pierres éboulées. Il se
décida à les dépasser du regard: au-dessus, trois tours démolies jusqu'à
deux mètres du sol, leurs trois tronçons[106] sortant d'un écroulement si
total que la végétation naine seule s'y développait, comme fiches[107]
dans cet éboulis; des grenouilles jaunes s'en écartaient avec lenteur. Les
ombres s'étaient raccourcies: le soleil invisible montait dans le ciel.

Un immobile frémissement,[108] une vibration sans fin animait les
dernières feuilles, bien qu'aucun vent ne se fût levé: la chaleur...

[100] a screen of wall-pellitory (wall plant).
[101] agave leaves with a mirror-like gloss [Agave related to century plant of
America.]
[102] to rid himself of the spongy feeling which came from the moss.
[103] sticking up.
[104] patina [rust on ancient bronzes etc.]
[105] of a remote age.
[106] what was left standing of the three towers.
[107] fixed.
[108] rustling.

VOCABULARY

::

The translations are those relevant to the text—not necessarily the usual meanings.

Symbols and Abbreviations used:

adj	adjective
f	feminine
m	masculine
pl	plural
<	from

affiche (f): poster
amorcer: to prepare the way for
anéantir: to destroy
antenne (f): aerial
appliqué (adj): diligent
arroseuse (f): water-cart
assister: to be present at

banderole (f): streamer, narrow flag
barbiche (f): goatee beard
béant (adj): gaping
belette (f): weasel
belote (f): a card game
bercé: cradled
biffer: to cross out
bistrot (m): bar
boudeur (adj): sulky
bouffée (f): puff
bourreau (m): executioner, torturer
bousculer: to jostle
broussailleux (adj): bushy
brousse (f): bush

broyer: to pulverise
bruissement (m): murmuring
buée (f): mist, vapour

capiteux (adj): exhilarating
carreau (m): window-pane
cas, faire ~ de: to value
cavaler: to run fast
cerne (m): ring, circle
chapelier (m): hatter
chatouillement (m): tickling
chétif (adj): puny
cheville (f): ankle
choir: to fall
cœur, avoir quelque chose sur le ~: to have something rankling in one's mind
cogner: to hit
conducteur (m): guide
confus (adj): embarrassed
contre-jour, (à): against the light
couche (f): stratum, layer
crasseux (adj): dirty, squalid

dalle (f): paving-stone
dard (m): spike
dé (m): die, dice
s'en débarrasser: to get rid of (someone)
déchirant (adj): heart-rending
découdre: to unpick, unstitch, rip open
défaut, faire: to fail to appear
défoncement (m): pot-hole
dégager: to give off
dériver: to deviate, to be deflected
dévisser: to unscrew

éboulé: fallen
écaille (f): scale
écran (m): screen
écroulé: fallen
écume (f): scum, foam
égarer: to mislay
électuaire (m): electuary, (a medicine mixed with honey, etc.)
enceinte (f): (surrounding) wall
enfoui: buried
épargner: to spare
épars (adj): scattered
épi (m): spike, cluster
essaimer: to swarm
étalé: spread out
étape (f): stage

feu (m): light
fil, tirer son ∼: to pull a string, 'to drop a stitch'
forcené (adj): frantic
fouet (m): whip
fougère (f): fern
fourneau (m): boiler
fourni (adj): plumb

frayer: to force, to carve out
friable (adj): crumbly
frôler: to brush against
au fur et à mesure: as (something proceeds)

giron (m): lap
glaive (m): sword
se gonfler: to become bloated
gravillon (m): fine gravel
gravir: to climb
grès (m): sandstone
guichet (m): gate, window
guindé (adj): stiff, unnatural
haletant: panting
hasard, à tout ∼: on the off chance
au hasard: blindly
hébété (adj): stupefied

inébranlable (adj): unshakeable

jaser: to gossip

maladif (adj): morbid
marais (m): marsh
marcher droit: to behave oneself
marée (f) *montante*: rising tide
maussaderie (f): peevishness
mèche (f): wisp, lock (of hair)
mégot (m): fag-end
mine, faire ∼ de: to make a show of
mollet (m): calf (of leg)
moraine (f): moraine (an accumulation of debris from the mountains)
mousse (f): moss

mousse (m): cabin-boy
muguet (m): lily-of-the-valley

naguère: lately, not long ago
nain (adj): dwarf
naufrage, faire: to be shipwrecked
niais (adj): foolish
noyau (m): kernel, nucleus

à paillettes: sequinned
pan (m): flap
parterre (m): flower-bed
se passer de: to do without
patauger: to flounder
pellicule (f): skin
peloton (m): ball (of thread)
pénombre (f): semi-darkness
pente (f): slope
plaisanterie (f): joke
plate-bande (f): grass border, flower-bed
poignée (f): handle
postillons, envoyer des ∼: to splutter when speaking
pourri (adj): decayed
y pourvoir: to make provision for it

quérir, aller ∼: to go and fetch

ramper: to crawl
râteau (m): rake
rebord (m): edge
réformé: discharged (from the army) as unfit
régler: to pay
reins (m pl): back
repasser: to iron

rétrécir: to narrow
rôder: to prowl, to loiter
rond-point (m): circle
rongé: eaten away
roseau (m): reed, rush
rosée (f): dew
ruisseau (m): gutter
rustre (m): lout

scie (f): saw
séant (adj) (< *seoir*): fitting
seau (m): bucket
seuil (m): threshold
sève (f): sap
seyait, ce qui ∼ (< *seoir*): what was fitting
sucette (f): lollipop

tablette (f): shelf
tanière (f): den, lair
tardait, il me ∼: I was longing to
tâter: to feel
tâtonner: to grope
taupe (f): mole
ternir: to tarnish, to dull
à tombeau (m) *ouvert*: at breakneck speed
tondeur (m): shearer
traineau (m): sledge
trame (f): plot
trêve (f): respite
troquer: to barter
trouble (adj): confused
tympan (m): ear-drum

valoir, faire ∼: to set off to advantage
vide-ordures (m): rubbish shoot
vue (f) *fort basse*: very bad eyesight